Birgit Fazis

Die Aufräum-Challenge

Birgit Fazis

ZEIT STATT ZEUG

Die Aufräum-Challenge

Dein **Workbook** für äußere und innere Ordnung, Ruhe und Zufriedenheit

Inhalt

Inhalt

Lerne loszulassen, das ist der Schlüssel zum Glück.

Buddha

Willkommen!

Wie schön, dass du dieses Buch in den Händen hältst, denn ich habe es für dich geschrieben! Ich freue mich sehr, dich in den nächsten Tagen und Wochen als Coach an deiner Seite auf dem **Weg in ein Leben voller äußerer und innerer Ordnung, Ruhe und Zufriedenheit** begleiten zu dürfen.

Vermutlich hast du zu diesem Buch gegriffen, weil du zu der Ansicht gelangt bist, dass sich etwas ändern muss. Die Unordnung in deiner Umgebung raubt dir Energie, fühlt sich belastend an und kostet dich zudem auch noch viel wertvolle Zeit. Du wünschst dir **mehr Ordnung in deinen vier Wänden** und endlich Ruhe im Kopf, damit du dich auf die wirklich wichtigen Dinge konzentrieren kannst: auf dich und alles, was dir im Leben wichtig ist!

Auch mir ging es vor nicht allzu langer Zeit genauso, bis ein Weihnachtsfest in einem kleinen, roten Holzhaus in Schweden mein Leben komplett veränderte. Weit weg von zu Hause verstand ich, **wie wenig man braucht zum Glücklichsein** und dass es sich lohnt, nach einem Leben zu streben, in dem weniger wieder mehr ist. Seitdem hat Ordnung Priorität in meinem Alltag, weil sie mir hilft, das Leben zu leben, das mir guttut.

Weil ich der festen Überzeugung bin, dass Ordnung weitaus mehr ist als nur ein aufgeräumtes Zuhause, habe ich dieses Workbook entwickelt. Eine geordnete Umgebung ist Harmonie und Wohlbefinden, und **mit der ZEIT STATT ZEUG Aufräum-Challenge kommst du endlich vom Wollen ins Tun.** Ab heute ist dieses Buch dein persönlicher Aufräum-Coach.

Deinen Besitz regelmäßig zu hinterfragen und deine Umgebung neu zu ordnen, tut gut. Es befreit dich von Ballast und macht das Leben leichter. Dadurch schaffst du neue Freiräume im Innen und Außen, gewinnst Zeit für die richtigen und wichtigen Dinge und findest wieder **zurück zu dir.** Wenn wir uns mit schönen und nützlichen Dingen umgeben und lernen, auf Unnötiges zu verzichten, bekommen wir zudem wieder einen klaren und unverstellten Blick auf das Wesentliche. Ordnung im Außen sorgt für Klarheit im Innen. Versprochen!

Viel Freude mit der ZEIT STATT ZEUG Aufräum-Challenge!

Birgit

Mein eigener Weg zu mehr ZEIT statt ZEUG

Manchmal braucht es ein paar Jahre, um bis zu diesem einen Augenblick zu gelangen, der das Leben **für immer verändert.** So ist es mir vor einigen Jahren ergangen, als nach einem Weihnachtsfest in einem kleinen roten Holzhaus in Schweden nichts mehr war wie zuvor.

Während ich mich zu Hause noch fragte: **„Wie viel Weihnachten passt in einen Koffer?",** lieferte mir das Leben die Antwort unter einem schlicht geschmückten Weihnachtsbaum in Schweden: Alles, was wichtig ist, wohnt im Herzen. All das ZEUG, das damals nicht in unsere Koffer passte, bescherte uns nicht nur ein absolut unvergessliches Weihnachtsfest, sondern auch die lang ersehnte ZEIT für die richtigen und wichtigen Dinge im Leben. Dieser Moment hat alles verändert und mein Leben seitdem um einiges unbeschwerter und erfüllter gemacht.

Fernab von zu Hause erkannte ich, dass es im Leben nicht darum geht, immer mehr die Geschwindigkeit zu erhöhen und jede Menge Zeug anzuhäufen, sondern vielmehr darum, Zeit für sich und für kostbare **Augenblicke mit seinen Herzensmenschen** zu haben. Das ist es, worauf es wirklich ankommt.

Nach unserem lebensverändernden Weihnachten in Schweden folgte eine Zeit, in der ich unser Zuhause Stück für Stück von all dem Zuviel befreite. Wochenlang wurde aufgeräumt und entrümpelt. Ich ordnete meine Umgebung neu und stellte unser Haus, in dem sich mit den Jahren und unserer wachsenden Familie mächtig viel angesammelt hatte, einmal komplett auf den Kopf. In diesem Prozess des Ordnens zeigte sich mir eine neue und sehr wichtige Erkenntnis: **Aufräumen tut auch der Seele gut.** Das Loslassen von unnötigem Ballast schafft auch im Inneren ein Gefühl von Klarheit, Leichtigkeit und Freude. Mit jedem überflüssigen Ding, von dem ich mich trennte, fühlte ich mich befreiter und kam dem Leben näher, von dem zu leben ich schon so lange geträumt hatte.

Was vor einigen Jahren in einem kleinen roten Holzhaus begann, wurde zu meiner großen Vision von einer Welt, in der WENIGER wieder MEHR ist. Ein Jahr nach unserem schwedischen Weihnachten gründete ich ZEIT STATT ZEUG und rief den gleichnamigen Instagram-Kanal ins Leben. Seitdem folge ich meinem inneren Ruf und helfe Menschen dabei, ihr

Leben aufzuräumen und dadurch **mehr Klarheit, Ordnung und Zufriedenheit** in ihrem Alltag zu finden.

Vermutlich verspürst auch du eine große Sehnsucht nach innerer und äußerer Ordnung. In einer Welt des Zuviels wünschst du dir wieder mehr Zeit für dich und für das, was dir wirklich wichtig ist. **Herauszufinden, was in deinem Leben Platz hat und was nicht**, ist der erste Schritt dorthin und hilft dir, dich auch innerlich „aufgeräumt“ und „sortiert“ zu fühlen.

Lass dich von mir an die Hand nehmen und entdecke, wie auch du dir **ein Leben mit mehr ZEIT statt ZEUG** erschaffen kannst.

Die Macht der kleinen Schritte

Ärgerst du dich fast täglich über die Unordnung in deiner Umgebung, die dir nicht nur Energie raubt, sondern dich auch häufig viel kostbare Zeit kostet? Der Berg an Aufgaben scheint riesengroß, so dass du **oft gar nicht weißt, wie und wo du mit dem Aufräumen anfangen sollst**. Während wir noch einen Plan für die perfekte Aufräum-Offensive zurechtlegen, wird aus dem Berg ein Gebirge und schlägt unsere Motivation endgültig in die Flucht.

Es vergeht kein Tag, an dem mich nicht die Frage erreicht: **„Wie schaffe ich es, den ersten Schritt zu machen?“**, oder noch einfacher ausgedrückt: „Wie fange ich an?“ Weil ich dieses Gefühl der Überforderung und Frustration aus der Vergangenheit nur zu gut kenne, habe ich mir irgendwann einen Plan zurechtgelegt, um dem großen Berg und dem Anfangen seinen Schrecken zu nehmen. Weil meine Methode nicht nur mir, sondern auch bereits Tausenden anderen dabei geholfen hat, zurück zur Ordnung zu finden, möchte ich auch dir gerne verraten, was du tun kannst, damit dein Zuhause schon bald wieder zu einem Wohlfühlort wird, der dir Ruhe und Kraft schenkt, anstatt dich nur auszulaugen.

„Aller Anfang ist schwer“, denkst du jetzt vielleicht. Lass es uns mal so sehen: Aller Anfang ist vor allem eines – aufregend. Wer neu beginnt, darf unbeholfen sein. Er darf Fehler

machen, das Tempo bestimmen und auch mal unperfekt sein. Also: **Druck aus, Gelassenheit an**.

Beim Aufräumen glaube ich felsenfest an die Macht der kleinen Schritte. Sie nimmt dir nicht nur die Angst vor dem Beginnen und vor der zukünftigen Veränderung, sondern schenkt dir auch schnell die ersten Erfolge, die dich motivieren und dafür sorgen, dass du am Ball bleibst. Während große Schritte uns häufig überfordern und auf dem Weg zum Ziel ins Stolpern bringen, **überlisten kleine Schritte unser Gehirn.** Dieses hat nämlich meist große Angst vor Veränderung und hüpft erst mit ins Boot, wenn sich die ersten Erfolge einstellen und unser Plan aufgeht.

Wenn du dir mehr Ordnung wünschst, fange also unbedingt klein an. **Mit kleinen Schritten erreichen wir auch große Ziele mit Leichtigkeit.** Zudem gewinnen wir mit jedem Erreichen eines Mini-Steps mehr Selbstbewusstsein. Ganz egal wie klein der Schritt auch ist: Hast du ihn geschafft, werden in deinem Körper Glückshormone freigesetzt. Du fühlst dich fantastisch, bist stolz auf dich und motiviert, weiterzumachen, weil du merkst, dass du vorankommst und dein großes Ziel dabei immer näher rückt.

Die kleine Schritte sind der Turbo-Booster dieser Challenge. Sie verleihen dir viel Schwung für den Anlauf in dein neues, leichtes und aufgeräumtes Leben.

Von außen nach innen

Wir leben in einer Welt des Zuviels. Zu viel Information, zu viel Lärm, zu viel Tempo, zu viele Wahlmöglichkeiten, zu viel Zeug. All das lenkt uns vom Wesentlichen ab, trübt unseren Blick und lässt uns oft mit einem Gefühl der Rastlosigkeit und Leere zurück. **Insgeheim sehen wir uns nach mehr Langsamkeit,** danach, klar zu sehen und uns selbst wieder genug zu sein.

Wenn du dir mehr Ordnung in deinem Leben wünschst, gibt es eine wichtige Regel: **Aufräumen lässt sich am einfachsten von außen nach innen** – erst die Dinge, dann die Gedanken und Gefühle.

Im Zen-Buddhismus werden die Tätigkeiten des Aufräumens und des Putzens sogar als spirituelle Angelegenheit betrachtet. Wer seine Umgebung in Ordnung bringt, sagt man, fegt damit gleichzeitig auch den Staub von seinem Herzen. Aufräumen, Sortieren und Entrümpeln schafft wohltuende Ordnung. Erst im Außen, aber dann vor allem auch im Innen. Wenn wir Unerledigtes und all das Chaos und Zuviel in unserem Leben anpacken, machen wir **Platz für neue Möglichkeiten,** unsere Träume und unsere wahren Bedürfnisse. Mit jedem überflüssigen Teil, das du loslässt, schaffst du also Platz für das Leben, nach dem du dich so sehr sehnst.

Man könnte sagen: Aufräumen ist immer auch ein wenig angewandte Psychologie, denn dabei tauchst du in deine Innenwelt ein. Dich mit deinem Krempel zu beschäftigen, führt dazu, dass du dich noch besser kennenlernst und einer Antwort auf die Frage: **„Was brauche ich zum Glücklichsein?“** immer näherkommst.

Ich glaube fest daran, dass das Ordnen von Dingen immer auch in unserem Inneren einen Reinigungsprozess anstößt. Deswegen liebe ich das Aufräumen so sehr. Es bringt mich immer wieder zurück zu mir und **zu dem Leben, das ich leben möchte.** Aufräumen ist sozusagen meine persönliche Superpower, und mit ein bisschen Zeit und Übung kann es das auch für dich werden.

Wie diese Challenge funktioniert

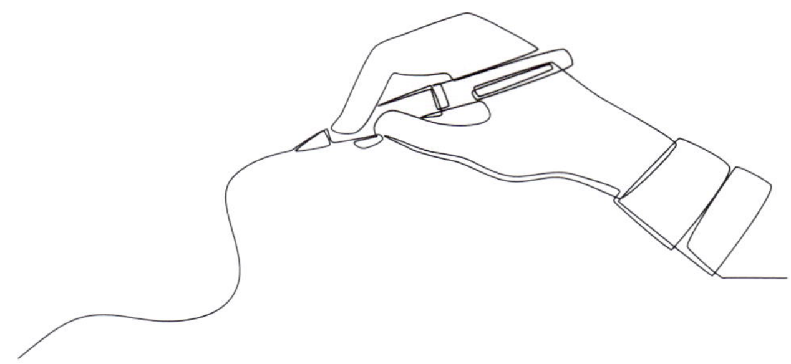

In den kommenden 12 Wochen bin ich der Aufräum-Coach an deiner Seite. All meine Erfahrungen und mein Wissen zum Thema Ordnung habe ich in dieses Workbook fließen lassen. Es wåird dich vom Wollen ins Tun bringen und dir dabei helfen, nicht nur dein Zuhause aufzuräumen, sondern auch dein Leben mehr **wohltuende Klarheit und Ordnung** zu verleihen.

Die ZEIT STATT ZEUG Aufräum-Challenge ist so konzipiert, dass du sie in 12 Wochen mit einem minimalen **Zeitaufwand von 15–30 Minuten täglich** absolvieren kannst. Weil nicht nur Ordnung, sondern auch die Art und Weise, wie wir leben, sehr individuell ist, ist diese Zeitangabe lediglich ein Anhaltspunkt. Entscheide du für dich, wie tief du in einen Lebensbereich eintauchen möchtest, und passe den jeweiligen Zeitbedarf an dein Leben und an deine Bedürfnisse an.

In den nächsten drei Monaten erwartet dich jede Woche ein Themenbereich mit jeweils fünf Tagesaufgaben mit konkreten To-dos, Übungen und Reflexionen. **Du kannst jederzeit loslegen und das Tempo bestimmen.** Für jede Woche mit fünf Aufgaben stehen dir sieben Tage Zeit zur Verfügung. Für einen optimalen Challenge-Verlauf empfehle ich dir, dranzubleiben und nicht allzu viel Zeit zwischen den einzelnen Challenge-Tagen verstreichen zu lassen. So bleibst du am Ball und verlierst nicht den Fokus auf dein Ziel.

Die ZEIT STATT ZEUG Aufräum-Challenge deckt alle wichtigen Wohn- und Lebensbereiche ab. Jeder Tag beschäftigt sich mit einem Ordnungsthema. Während es bei manchen Tagen um konkrete Wohnbereiche oder Kategorien geht, wirst du dich an anderen Tagen dem Thema innere Ordnung widmen. **Mit wenig Zeit und Aufwand darfst du schon bald die ersten sichtbaren Erfolge erzielen,** die dich in deinem Tun bestärken und motivieren. Fühl dich frei, sämtliche Aufgabenstellungen, die nicht zu dir und deinen Bedürfnissen passen, auszulassen oder durch andere, besser geeignete Aufräum-Projekte zu ersetzen.

Am Ende eines jeden Kapitels findest du einen Deep Dive zu Themen rund ums Aufräumen. Betrachte dies als kleine Einladung von mir an dich, noch tiefer in das Thema einzusteigen, um noch mehr über dich und deine Beziehung zum Thema Ordnung herauszufinden. **Selbsterkenntnis ist immer der erste Schritt zur Veränderung.** Sich selbst gut zu kennen und zu verstehen, hilft dir, leichter Entscheidungen zu treffen, und gibt dir Sicherheit für deinen Lebensweg.

Für mehr Übersicht findest du auf der nächsten Seite eine Checkliste. Hier kannst du einzelne Tagesaufgaben abhaken, sobald du diese erledigt hast. Im Laufe des Aufräum-Prozesses wirst du an einigen Stellen des Workbooks dazu eingeladen, ein Worksheet zu bearbeiten. Auch wenn du vielleicht denkst, es reicht, die Fragen im Kopf zu beantworten, lege ich es dir ans Herz, dies nicht zu tun. **Deine Gedanken aufzuschreiben und schwarz auf weiß vor dir zu sehen, hat einen nachhaltigen Effekt auf deinen persönlichen Erfolg** und Fortschritt im Laufe der ZEIT STATT ZEUG Aufräum-Challenge.

Checkliste
Deine Erfolge

Hake erledigte Aufgaben auf dieser Checkliste ab.
Auf diese Weise behältst du die Übersicht,
machst deine Erfolge sichtbar und bleibst am Ball.

Anfangen
1 2 3 4 5

Wohnen
1 2 3 4 5

03 Essen
1 2 3 4 5

04 Schlafen
1 2 3 4 5

05 Kleiden
1 2 3 4 5

06 Pflegen
1 2 3 4 5

07 Verwalten
1 2 3 4 5

08 Aufbewahren
1 2 3 4 5

09 Digitales Ordnen
1 2 3 4 5

10 Zeit haben
1 2 3 4 5

11 Denken
1 2 3 4 5

12 Fühlen
1 2 3 4 5

Woche 01: Anfangen

Entdecke den Schlüssel, um mit ganz viel Leichtigkeit vom Wollen ins Tun zu kommen, und mache die ersten wichtigen Schritte zu mehr äußerer und innerer Ordnung, Ruhe und Zufriedenheit.

Vom Wollen zum Tun

In den ersten Tagen der ZEIT STATT ZEUG Aufräum-Challenge geht es darum, ins Tun zu kommen und die Angst vor dem Anfangen zu verlieren. Dafür ist es wichtig, dass du dich **mit dem Lebensgefühl verbindest, nach dem du dich sehnst.** Tauche ein in die ersten Tagesaufgaben und bringe dich in den Flow, der dir die Tür in ein Leben voller Ordnung und Klarheit öffnet.

Diese Woche ist vor allem dazu da, die erste große Hemmschwelle zu überwinden, die dich bisher vom Aufräumen abgehalten hat, erste Erfolge zu erzielen und ganz nebenbei **die Richtung für deinen Weg zu bestimmen.** Angst brauchst du vor dieser ersten Herausforderung nicht zu haben, denn ich habe sie so einfach wie möglich gestaltet. Du wirst sehen, sie wird dir mit viel Leichtigkeit und Freude von der Hand gehen.

Auf den folgenden Seiten deines Workbooks findest du die zu Woche 01 gehörenden Tagesaufgaben. Arbeite sie am besten Tag für Tag der Reihenfolge nach durch. Sollte eine Aufgabe nicht zu dir und deinem Leben passen, kannst du sie selbstverständlich abändern oder durch eine andere Ordnungsaufgabe ersetzen. Fühl dich frei, die Aufräum-Challenge **an deine Bedürfnisse** und deine Lebenssituation anzupassen.

Hake erledigte Tagesaufgaben unbedingt auf der **Checkliste** (Seite 18) ab, um nicht den Überblick zu verlieren und sichtbar zu machen, was du bereits alles geschafft hast.

Am Ende der ersten Woche wartet auf Seite 29 der erste **Deep Dive** auf dich. Dort kannst du nachlesen, warum das Aufräumen uns manchmal so schwerfällt und was du tun kannst, um diese Hürde für dich kleiner zu machen. Solltest du noch ein wenig extra Motivation benötigen, kannst du den Deep Dive auch gleich zu Beginn der ersten Challengewoche durchlesen.

Bist du **bereit?** Dann lass uns loslegen!

Wo stehst du?

Zu Beginn deiner Reise in ein Leben voller Klarheit und Ordnung lade ich dich dazu ein, den ersten Tag für eine Bestandsaufnahme deiner aktuellen Ist-Situation, deinen **Status quo,** zu nutzen.

Ziel dieser Tagesaufgabe ist es, dir bewusst vor Augen zu führen, **wie zufrieden oder unzufrieden** du in den einzelnen Wohn- und Lebensbereichen bist und nach welchem Lebensgefühl du dich gerade sehnst. Nimm dir für diese Übung ein paar Minuten Zeit, in denen du möglichst ungestört bist.

Schnapp dir dein Workbook und einen Stift, gehe einmal langsam durch dein Zuhause und **lasse alle Räume auf dich wirken.** Achte dabei darauf, was du in den einzelnen Zimmern fühlst. Vielleicht bemerkst du in einigen Wohnbereichen auch körperliche Reaktionen wie ein starkes Unwohlsein oder ein Gefühl der Beklemmung und Schwere? Nimm dir genug Zeit und notiere innerlich, was dein Zuhause mit dir macht, welche Gefühle, Gedanken und Reaktionen es in dir auslöst.

Auf der nachfolgenden Seite findest du ein **Worksheet,** auf dem du festhalten kannst, wie wohl und aufgeräumt du dich in den verschiedenen Lebensbereichen fühlst. Anhand des ausgefüllten Worksheets kannst du einordnen, wo du gerade stehst und welche Bereiche deine Aufmerksamkeit ganz besonders benötigen.

Zur Überprüfung deines Challenge-Erfolges kannst du den **Circle of Happiness** am Ende der Challenge noch einmal ausfüllen. So erkennst du welche Räume (im Außen und Innen) sich bereits deutlich verbessert haben und worauf du eventuell erneut den Fokus richten darfst.

Viel Freude und Erfolg mit der ersten Tagesaufgabe (und vergiss nicht, sie im Anschluss auf Seite 19 abzuhaken)!

Worksheet
Circle of Happiness

Frage dich, wie glücklich, aufgeräumt und zufrieden du in jedem der einzelnen Wohn- und Lebensbereiche bist. Trage dafür in den **Circle of Happiness** rechts auf einer Skala von 1 (überhaupt nicht zufrieden) bis 10 (wunschlos glücklich) ein, welches Level deine Zufriedenheit aktuell erreicht. Gehe dabei zügig vor und antworte möglichst intuitiv.

Um deinen persönlichen Challenge-Erfolg zu überprüfen, kannst du deinen **Status quo** am Ende der Challenge auf Seite 149 noch einmal eintragen.

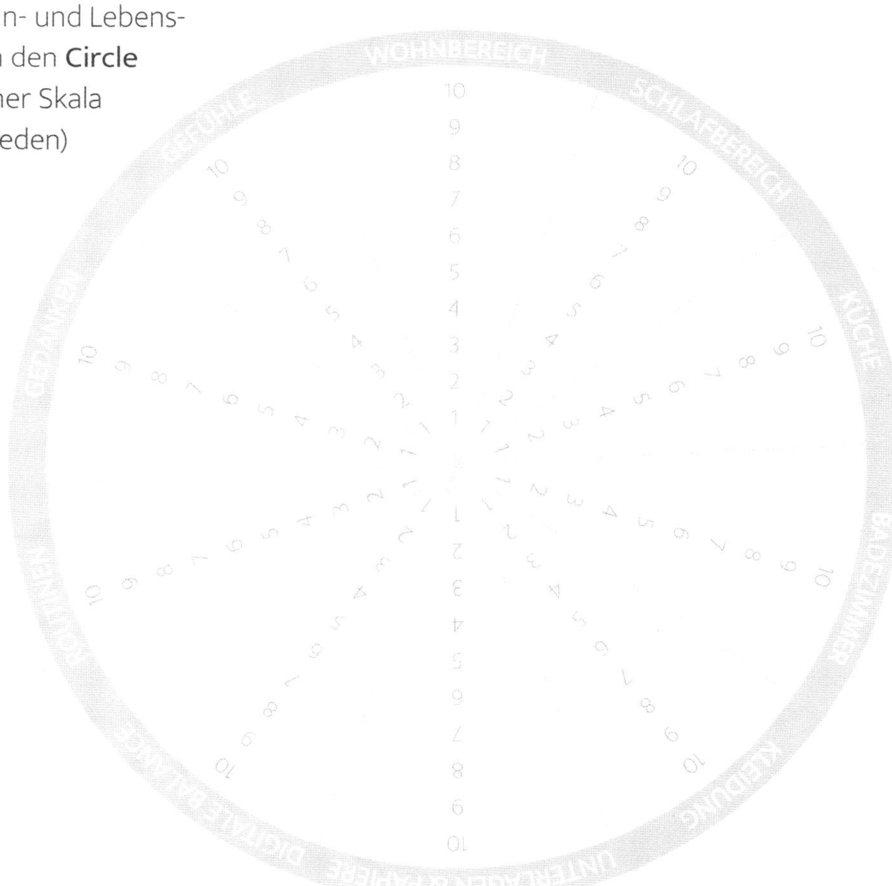

15 Dinge in 15 Minuten

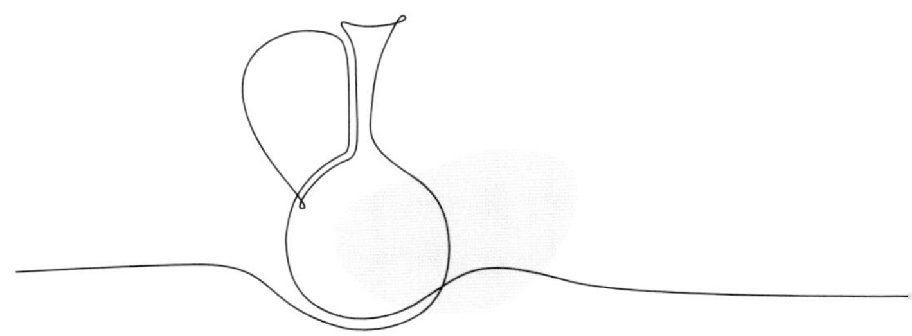

Nachdem du gestern den Status quo deines Zuhauses und damit die Richtung für deine Ordnungsreise bestimmt hast, geht es heute mit einer **sehr praktischen Aufgabe** weiter.

Die Übung **15 in 15** ist eine meiner allerliebsten Ordnungstools, weil sie einfach und sehr wirksam ist. Lege dir dafür einen Korb oder eine Tasche bereit, stelle einen Wecker oder den Timer deines Smartphones auf 15 Minuten und mache erneut einen kleinen Rundgang durch dein Zuhause.

Sammle in dieser Zeit 15 Dinge ein, die achtlos herumliegen und die weggeworfen, zurückgegeben oder verschenkt werden können. Alte Zeitungen, defekte Gegenstände, ausgeliehene Sachen oder **Dinge, die nicht mehr zu dir und deinem Leben passen** – lege alles in deinen Korb, deponiere ihn in der Nähe der Haustür und sorge dafür, dass die Sachen innerhalb der nächsten 24 Stunden dein Haus verlassen.

Gehe bei dieser Tagesaufgabe möglichst **zügig und intuitiv** vor. Denk nicht lange über Sinn und Zweckmäßigkeit der Gegenstände nach, sondern höre auf dein Bauchgefühl und lass los, was dir überflüssig erscheint.

Kleine Schritte wie diese motivieren dich für die erwünschte Veränderung, sorgen für **ein erstes befreiendes Gefühl**und lassen dich mit anderen Augen durch deine Wohnung gehen.

Auf die Plätze, fertig, LOS!

Repariere deine Broken Windows

Die **Broken-Windows-Theorie** hilft dir dabei, die Entstehung von Chaos zu verstehen. Sie besagt, dass Unordnung weitere Unordnung magnetisch anzieht. Das bedeutet konkret: Sobald du eine Chaos-Ecke einfach akzeptierst und nichts dagegen unternimmst, breitet sich die Unordnung langsam auf deine gesamte Umgebung aus, weil deine Chaos-Toleranz zunehmend wächst.

Dass Unordnung unser Wohlbefinden negativ beeinflusst, konnten Wissenschaftler in mehreren Studien bestätigen. **Chaos in unserer Umgebung sorgt für Frust**, stört unsere Konzentration und raubt uns kostbare Energie.

Identifiziere die **Broken-Windows-Spots** in deinem Zuhause. Suche dir einen Bereich in deiner Wohnung aus, dessen Vernachlässigung meist für noch mehr Unordnung sorgt, und nimm dir 15 Minuten Zeit, um hier Ordnung zu schaffen. Beliebte Ecken, die gerne noch mehr Unordnung nach sich ziehen, sind z. B. ungemachte Betten, unansehnliche Küchenspülen, vollgestellte Fensterbretter oder überladene Esstische.

Versprich dir selbst, in den nächsten Tagen auf diese Ecke besonders gut Acht zu geben und hier gar nicht erst wieder Unordnung entstehen zu lassen. Als kleine Erinnerung an dein Versprechen kannst du das Chaos durch etwas ersetzen, das dir beim Anblick viel Freude bringt, z. B. einen hübschen Blumenstrauß, ein gerahmtes Bild oder eine schlichte, schöne Kerze.

27 Dinge

014

Wenn die Sehnsucht nach Veränderung mindestens so groß ist wie das Chaos, in dem du dich vielleicht zeitweise befindest, kann eine **klassische Feng-Shui-Übung** dir wunderbar dabei helfen, die große Hürde des Anfangens zu überwinden.

„Wenn du dir Veränderung in deinem Leben wünschst, beginne damit, 27 Dinge in deinem Zuhause zu bewegen", heißt es in der fernöstlichen Lehre, in der die 27 als magische Zahl gilt. Die Theorie hinter der simplen Übung: Indem wir **27 Dinge der Reihe nach in die Hand nehmen und bewegen,** fällt es uns leichter, das Wichtige vom Überflüssigen zu trennen.

Suche dir für die heutige Tagesaufgabe einen Wohnbereich aus, indem du 27 Gegenstände bewegst. Dabei geht es weniger darum, aufzuräumen oder zu entrümpeln. **Viel wichtiger ist es, einzelne Dinge aufmerksam wahrzunehmen** und zu erspüren, was diese in dir auslösen.

Du musst nichts wegwerfen, putzen oder umräumen – unter Umständen reicht es schon vollkommen aus, die 27 Dinge einmal in die Hand zu nehmen und wieder an ihren Platz zurückzustellen. **Sei achtsam für den Impuls, Dinge loszulassen,** zu entsorgen oder umzuräumen, und gehe dem nach, sollte der Wunsch aufkommen. Falls nicht, darfst du die Sachen auch einfach wieder an ihren Platz zurückstellen.

Denke daran: Heute geht es nicht darum, „etwas zu schaffen", sondern vielmehr darum, ohne Druck zu erspüren, **was die Dinge, mit denen du dich umgibst, in dir auslösen.**

Finde ein starkes Warum

Wenn wir uns eine Veränderung im Leben wünschen, beginnen wir meist damit, uns Ziele zu setzen und zu überlegen, wie wir schnellstmöglich dorthin kommen. Ob du ein Ziel erreichst oder nicht, hängt aber von einer anderen wesentlichen Sache ab. Noch bevor du dir überlegst, WIE du dein Ziel erreichen willst, solltest du dir erst einmal Gedanken darüber machen, WARUM es dir wichtig ist. **Jedes Ziel braucht ein starkes Warum**, das dich auch für die Langstrecke motiviert.

Ich vermute, du sehnst dich gerade nach mehr Ordnung und Leichtigkeit in deinem Leben. Du wünschst dir **mehr Zeit statt Zeug** und hast dir vorgenommen, nun endlich vom Wollen ins Tun zu kommen. Ordnung soll nicht mehr nur ein langgehegter Wunsch sein, sondern Wirklichkeit werden. Nachdem die ersten Tagesaufgaben hoffentlich schon etwas in Bewegung gebracht haben, lade ich dich zum Abschluss der ersten Woche ein, dich auf die Suche nach deinem Warum zu machen.

Nimm dir ein paar Minuten Zeit, **mache es dir gemütlich** und frage dich: „WARUM wünsche ich mir gerade mehr Ordnung? Nach welchem Gefühl sehne ich mich und was verspreche ich mir davon? Was ist anders, wenn in es in meinem Außen und Innen aufgeräumt ist?“

Eine Antwort auf diese Fragen zu finden, ist der allererste Schritt auf dem Weg zu mehr Ordnung, Leichtigkeit und Freude, denn **ein starkes Warum schlägt jedes Wie.**

Auf der nächsten Seite findest du eine Übung, die dir dabei **hilft, ein kraftvolles Warum zu finden** und aufzuschreiben.

Worksheet
Was ist dein WARUM?

Folgende Übung hilft dir dabei, herauszufinden, WARUM du dir gerade **mehr Ordnung in deinem Leben** wünschst.

Überlege, was anders wird, sobald du dein Ziel erreicht hast: Wie fühlt sich das an? Nach welchem Lebensgefühl sehnst du dich und WARUM möchtest du dich so fühlen? **Was wird möglich,** wenn du dein Ziel erreichst? Notiere deine Gedanken und frage dich bei jedem notierten Punkt mindestens dreimal, **WARUM du das möchtest.** So kommst du schnell an den Kern des Ganzen. Notiere dein persönliches WARUM auf dieser Seite und verbinde dich im Lauf der Challenge immer wieder mit diesem kraftvollen Satz.

Beispiel:
Ich wünsche mir ein ordentliches Zuhause. Warum?
Weil es mir gefällt, wenn die Dinge ordentlich sind. Warum?
Weil ich dann bessere Laune habe. Warum?
Weil Ordnung mich beruhigt und mir ein gutes, aufgeräumtes Gefühl gibt.

Warum fällt es dir so schwer aufzuräumen?

Bestimmt hast du dich das auch schon öfter mal gefragt? Die nötige Lust und Energie dafür aufzubringen, erscheint an vielen Tagen **wie eine Mammutaufgabe, die man nur allzu gerne verdrängt.** Und so räumen wir im Alltag viel lieber die Dinge von einem Ort an den anderen, versuchen für ein Mindestmaß an Grundordnung zu sorgen, ohne dabei zu tief in das Thema einzutauchen. Der Berg an Aufgaben scheint unendlich groß zu sein und weil wir nicht wissen, wo wir anfangen sollen, lassen wir es lieber ganz bleiben.

Falls du dich in diesen Sätzen wiederfindest, möchte ich dir zuerst sagen, dass es den allermeisten Menschen so geht. Auch ich habe es jahrelang vermieden, mich mit all dem Zeug in unserem Zuhause auseinanderzusetzen. Damit der immer größer werdende Hausstand einigermaßen übersichtlich blieb, habe ich Dinge regelmäßig von hier nach da geräumt und versucht, mit Boxen und Ordnungssystemen **mehr Platz zu schaffen,** um irgendwann festzustellen, dass all die Organisation rund um dieses Zuviel mich nur noch unzufriedener, rastloser und dauermüde machte.

Jeder von uns besitzt durchschnittlich etwa 10.000 Dinge und **jedes davon erzählt eine Geschichte über uns.** Darum können beim Aufräumen auch unangenehme oder schmerzhafte Gefühle hochkommen.

Die alte Tasse im Küchenschrank erinnert an die verstorbene Oma. Die zu eng gewordene Jeans daran, dass wir doch **eigentlich besser für uns sorgen wollten.** Und in den Fotoalben auf dem Dachboden wird uns die Vergänglichkeit des Lebens deutlich vor Augen geführt.

Beim Aufräumen und Entrümpeln geht es also nicht ums reine Ordnung machen, sondern darum, **Unerledigtes anzupacken und Altes loszulassen.** Und das ist nicht immer einfach. Weil aber genau darin eine große Freiheit liegt, lohnt es sich, über seinen Schatten zu springen und einfach anzufangen. Wer aufräumt, seinen Besitz hinterfragt und Überflüssiges loslässt, schafft Platz für sich und für das Leben, nach dem man sich so sehr sehnt.

Äußeres und inneres Loslassen gehen Hand in Hand. Frage dich selbst einmal, welche Gefühle bei dir beim Aufräumen und Entrümpeln hochkommen: Fällt es dir leicht oder kostet es dich große Überwindung?

Woche 02: Wohnen

In der zweiten Challenge-Woche geht es um einen der wichtigsten Bereiche in deinem Zuhause: das Wohnzimmer. Hier halten wir uns am häufigsten auf, verbringen Zeit miteinander, entspannen, sehen fern oder schaffen auch mal Platz für Übernachtungsgäste. In den kommenden Tagen sorgen wir in diesem vielgenutzten Lebensbereich für mehr wohltuende und bleibende Ordnung.

Warum Ordnung im Wohnzimmer Priorität hat

Das Wohnzimmer ist neben dem Eingangsbereich einer der öffentlichsten Räume in unserem Zuhause. Keinen anderen Raum nutzen wir auf so vielseitige Art und Weise wie diesen. Hier können wir meist so richtig wir selbst sein, **uns zurückziehen, wenn uns danach ist,** lesen, entspannen und auch mal den ganzen Tag auf der Couch verbringen. Gleichzeitig ist das Wohnzimmer ein Bereich, in dem wir anderen begegnen. Hier verbringen wir Zeit mit unseren Lieblingsmenschen, empfangen Gäste und gehen in Verbindung. In einem Raum, der so häufig und vielfältig genutzt wird, haben Ordnung und eine ansprechende Wohlfühlatmosphäre absolute Priorität.

Wusstest du, dass das Wohnzimmer auch der Raum in deinem Zuhause ist, der am meisten über dich verrät? In der Wohnpsychologie sagt man, **das Wohnzimmer spiegelt den Selbstausdruck des Menschen,** der darin wohnt, wider: Wer bist du in dieser Welt? Wie siehst du dich? Was ist dir wichtig? Was macht dich aus? Auf all diese Fragen kann man in einem Wohnzimmer Antworten finden.

Die Bücher in den Regalen, die Deko und Farben oder die herrschende Atmosphäre erzählen Geschichten über dich. Schau dich einmal in deinem Wohnzimmer um. **Magst du, was du siehst?** Bist das DU?

In dieser Woche lade ich dich dazu ein, dein Wohnzimmer mit neuen Augen zu betrachten. Frage dich immer wieder: Spiegelt dieser Raum das wider, was du bist oder was du sein möchtest? Oder ist er eher das Abbild einer alten Version von dir? Wie gut passen Farben, Deko, Bücher etc. zu dir und deinem Leben? **Schlummern hier vielleicht auch vergessene Träume?** Was erzählt dein Wohnzimmer über dich?

In den kommenden Tagen warten wieder fünf Aufräum-Aufgaben auf dich, die dir dabei **helfen, dein Wohnzimmer in einen Ort zu verwandeln, an dem du dich wohlfühlst** und der dich und das, was dir wichtig ist, perfekt ausdrückt.

Vergiss nicht, erledigte Tagesaufgaben auf deiner Checkliste auf Seite 19 abzuhaken. **Viel Erfolg** wünsche ich Dir!

Deko & Wohnaccessoires

02/1

Dass sich im Wohnzimmer als einem der am meisten genutzten Wohnbereiche in einem Zuhause im Laufe der Zeit **eine Vielzahl von Dingen und Habseligkeiten** ansammeln, ist nur natürlich.

Zu Beginn der zweiten Challenge-Woche darfst du dich zuerst der Kategorie Dekoration und Wohnaccessoires widmen. Vasen, Kerzenständer, Windlichter, Wanddeko, Zierkissen, Figuren und allerlei angehäufter Nippes oder Staubfänger finden sich in unseren vier Wänden. **Mit jedem Jahr steigt die Zahl der Gegenstände, die in unseren Besitz übergehen,** sogar noch, während der verfügbare Platz jedoch gleichbleibt.

Betrachte dein Wohnzimmer heute mit einem sehr aufmerksamen Blick und sammle alle Wohnaccessoires ein, die dir schon länger keine Freude mehr bereiten: Deko-Objekte, die dir nicht mehr gefallen, Gegenstände, die nicht (mehr) zu deinem Wohnungsstil passen, oder Sachen, mit denen du keine schönen Erinnerungen verbindest. **Sortiere aus, was zu viel oder unpassend ist,** und verleihe deinem Wohnzimmer damit mehr Ordnung und Leichtigkeit.

Die Anzahl der Deko-Gegenstände zu minimieren, fühlt sich nicht nur befreiend an, sondern lenkt auch die Aufmerksamkeit wieder auf vernachlässigte Lieblingsstücke. Nutze die heutige Aufgabe nicht nur dafür, Altes loszulassen, sondern auch dafür, **Dingen, die dir am Herzen liegen,** wieder mehr Wertschätzung entgegenzubringen.

Sorge unbedingt dafür, dass aussortierte Gegenstände möglichst bald das Haus verlassen. Auf Seite 152 findest du Tipps zum Thema „Wohin mit den aussortierten Dingen“.

Magazine & Zeitschriften

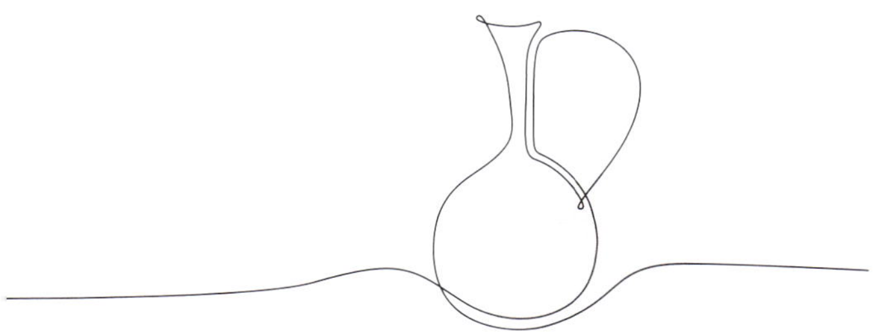

Wir lieben es, zu lesen, uns zu informieren und von bunt bebilderten Magazinen inspirieren zu lassen. Obwohl die Anzahl der wöchentlich oder monatlich erscheinenden Printmedien jedes Jahr immer weiter zurückgeht und viele von uns nun häufiger zu digitalen Ausgaben greifen, findet sich in fast jedem Zuhause trotzdem ein Magazinstapel. Mode-, Klatsch- und Kochzeitschriften, Reisemagazine, Fachpublikationen, Tages- und Wochenzeitungen oder Werbeanzeiger, **vieles davon längst ausgelesen oder nie angerührt.**

Sammle für die heutige Tagesaufgabe alle im Haus herumliegenden Magazine und Zeitungen ein und **mache es dir mit dem Stapel und deinem Lieblingsgetränk gemütlich.**

Gehe die Magazine einzeln durch und entscheide, **was du behältst und was entsorgt werden kann.**

Falls du eine Zeitschrift oder Zeitung nur wegen eines bestimmten Artikels, Rezepts oder Bildes aufbewahrst, überlege dir, ob es nicht ausreicht, den Beitrag abzufotografieren, mit einer Smartphone-App zu scannen oder gegebenenfalls auszuschneiden. **In einem digitalen Ordner oder einer hübschen Sammelmappe finden die Magazinschnipsel einen neuen Platz** und sind so garantiert im Nu zur Hand, wenn du danach suchst.

Entsorge aussortierte Zeitungen und Magazine im Altpapier.

Bücher

02/3

Stell dir einmal vor, in deinem Regal befänden sich nur Bücher, die ein Gefühl von Freude und schönen Erinnerungen an einzigartige Leseerlebnisse in dir hervorrufen. Wäre es nicht wunderbar, so eine **Quelle von Inspiration und Glück** zu haben, auf die du jederzeit zurückgreifen kannst?

Das Thema Bücher ist beim Aufräumen oft ein sehr emotionales Thema. Anders als bei Dingen des täglichen Gebrauchs fällt es vielen von uns schwer, ein Buch wegzuwerfen. Um diese Barriere im Kopf zu lösen, lade ich dich ein, das Thema neu zu betrachten: **Nicht der Inhalt wird entsorgt, sondern lediglich das bedruckte Papier.** Lies dir diesen Satz ruhig noch einmal langsam durch und lasse ihn tiefer wirken: Klingt die Aufgabe mit so einem Gedanken im Hinterkopf vielleicht schon ein wenig machbarer?

Verschaffe dir heute einen **Überblick über deine Bücherschätze.** Am besten gelingt dies, indem du dafür alle deine Bücher aus dem Regal räumst und auf dem Boden vor dir ausbreitest. Teile sie danach in folgende drei Kategorien ein: gelesen – angefangen – ungelesen.

Gehe die einzelnen Kategorien durch und entscheide, **welche Bücher** unbedingt zu dir gehören, welche du noch zu Ende lesen möchtest und welche Werke guten Gewissens den Besitzer wechseln dürfen.

Räume alle Bücher, die du behalten möchtest, wieder in das Regal zurück. **Aussortierte Bücher kannst du verschenken,** einer karitativen Einrichtung spenden, in einen öffentlichen Bücherschrank stellen oder verkaufen (siehe Seite 152).

Sammlungen

024

Eine besondere Eigenschaft von uns Menschen ist **das Bedürfnis, Erinnerungen festzuhalten.** Wir sammeln Urlaubsandenken, Bücher, Kunst, Antikes, Handtaschen, Tassen, Parfums, Schuhe und viele andere denkbare und undenkbare Dinge.

Gibt es vielleicht auch etwas, das du gerne sammelst oder früher einmal gesammelt hast? Wenn ja: **Bereiten dir die Sammelstücke immer noch Freude** oder liegen sie nur herum und ziehen Staub an?

Knöpfe dir heute eine deiner Sammlungen vor und überlege genau, welche dieser Gegenstände dir wirklich wichtig sind und welche nicht. Was davon hat wirklich einen **emotionalen oder materiellen Wert für dich** und woran hältst du nur noch aus Gewohnheit oder Vertrautheit fest?

Sortiere alles aus, wovon du dich trennen möchtest. Dinge, die nicht mehr vollständig oder in Ordnung sind, Überflüssiges, Belangloses und Vergessenes. Indem du die Anzahl der gesammelten Gegenstände reduzierst, schenkst du wirklichen Liebhaberstücken ihre verdiente Wertschätzung. Entferne alles, was zu viel ist, und **platziere Kostbares an einem besonderen Ort, an dem dein Blick regelmäßig darauf fällt.**

Wenn du dich **von wertvollen Sammlerstücken trennen möchtest,** ist es ratsam, sich vorher über deren Wert, Verkaufsmöglichkeiten etc. zu informieren.

Dein Happy Place

02/5

Heute wartet eine meiner persönlichen Lieblings-Tagesaufgaben auf dich. Ich lade dich dazu ein, einen ganz besonderen Platz in deinem Zuhause mit neuen Augen zu betrachten: **deinen persönlichen Lieblingsplatz, deinen Happy Place.**

Sicherlich hast auch du in deinem Zuhause einen Raum oder eine bestimmte Ecke, wo du dich ganz besonders gerne aufhältst. **Eine Ecke, in der du dich sehr wohl fühlst,** Kraft tankst und regelmäßig ein paar schöne Minuten im hektischen Alltag genießt.

Ganz egal, ob Leseecke, ein behagliches Plätzchen am Esstisch oder dieser eine gemütliche Platz auf dem Sofa, an dem dir die warmen Sonnenstrahlen direkt ins Gesicht scheinen – sorge dafür, dass dein Lieblingsplatz seinen Namen verdient, aufgeräumt und einladend ist. Ganz besonders schön und außerdem sehr motivierend kann es sein, wenn du deinen Happy Place so gestaltest, dass er all das widerspiegelt, was dir in deinem Traum-Zuhause wichtig ist. Richte diese Ecke so ein, dass sie **genau das Gefühl in dir auslöst, welches du dir gerade so sehnlichst wünschst.** Vielleicht ist das ein Gefühl von Ordnung, Klarheit, Leichtigkeit, Ruhe, Freude, oder auch etwas ganz anderes.

Ein paar frische Blumen, ein hübsches Kissen, ein schönes Bild oder deine Lieblingsbücher in greifbarer Nähe – gestalte deinen Happy Place mit dem, was da ist, noch ein bisschen schöner als sonst und **belohne dich anschließend mit ein paar entspannten Minuten** an deinem Lieblingsplatz.

Auf der folgenden Seite findest du etwas Platz, um **deinen Traum-Happy-Place zu visualisieren.** Zeichne, klebe oder schreibe auf, wie dein perfekter Lieblingsplatz aussieht.

Worksheet
Dein Happy Place

Wenn alles möglich wäre, wie würde dein Traum-Happy-Place aussehen? Wo befindet er sich? Welche Möbel stehen dort? **Welches Gefühl vermittelt dein Happy Place dir,** wenn du dich dort aufhältst? Welche Farben gehören dazu? Welche Gegenstände umgeben dich?

Zeichne, klebe oder schreibe auf, wie dein perfekter Lieblingsplatz aussieht. Überlege im Anschluss, wie du das Gefühl dieses perfekten Ortes auch ein wenig **in die Realität bringen** kannst. Was kannst du tun, um dir jetzt schon einen schönen Happy Place in deinem Zuhause zu gestalten?

Was Ordnung mit deinem Stress zu tun hat

Deep Dive

Wusstest du, dass es einen direkten Zusammenhang zwischen Unordnung und deinem Stress gibt? Zahlreiche Studien konnten bestätigen, dass Unordnung eine Vielzahl von körperlichen, seelischen und mentalen Auswirkungen mit sich bringen kann. Dies liegt vor allem daran, dass **ein unordentliches Umfeld den Spiegel des Stresshormons Cortisol in deinem Blut erhöht.**

Interessanterweise reagierten in den Studien besonders Frauen stark auf Unordnung in ihrem Umfeld. Sie fühlten sich weniger geborgen und sicher, wirkten unglücklicher und wiesen **chronische Stresssymptome** auf.

Der Grund: **Frauen reagieren häufig sensibler** auf ihr Umfeld und fühlen sich mehr verantwortlich dafür, dass alles an seinem Platz ist. Männer hingegen können besser mit Chaos umgehen, so das Studienergebnis (Saxbe & Repetti, 2010).

Weitere Auswirkungen einer unordentlichen Umgebung können sein:

- Müdigkeit und chronische Erschöpfung
- Konzentrationsprobleme
- Schlafstörungen
- depressive Verstimmungen
- Anspannung und häufige Konflikte
- Hang zu emotionalem Essen

Seine Umgebung aufzuräumen, sie zu entrümpeln und neu zu ordnen, sorgt für äußeres Wohlbefinden und tut der Seele gut, denn **Ordnung im Äußeren wirkt sich immer auch auf deine Befindlichkeit aus.**

Vielleicht konntest du im bisherigen Verlauf der Aufräum-Challenge auch schon feststellen: Etwas im Außen in Ordnung zu bringen, **reduziert dein Gefühl von Stress** und schenkt dir automatisch ein Gefühl von Klarheit und innerer Ruhe.

Wenn du dich gestresst und „unsortiert" fühlst, probiere einmal Folgendes aus: Stelle den Timer deines Smartphones auf 15 Minuten und bringe in dieser Zeit eine Kleinigkeit in Ordnung: eine Glühbirne austauschen, eine Chaosecke aufräumen oder das Bett machen – ganz egal, was es ist, **Hauptsache, du schaffst irgendwo Ordnung**. Hinterher wirst du mit dem guten Gefühl von Erledigungsfreude und einer großen Portion neuem Schwung für den Tag belohnt.

Woche 03: Essen

Das Herz eines Hauses sitzt meist in der Küche. Mit diesem Ort verbinden wir nicht nur viele kostbare Erinnerungen, sondern hier sorgen wir auch tagtäglich für uns und unsere Lieblingsmenschen. Sich in der Küche auf das Wesentliche zu besinnen, hat äußerst positive Auswirkungen auf deine Lebensqualität. Die fünf Tagesaufgaben der kommenden Woche helfen dir dabei.

Zurück zum Wesentlichen

In der dritten Woche der Aufräum-Challenge lade ich dich dazu ein, deine Küche, Nahrungsmittel und Ernährungsgewohnheiten auf den Prüfstand zu stellen, neu zu ordnen und mit einer Extraportion Gelassenheit, Natürlichkeit und erfrischender Leichtigkeit zu versehen. Gesundes Essen, das Spaß macht, ist **eine der größten Liebeserklärungen, die du deinem Leben machen kannst.** Freue dich also auf eine neue Woche, in der du mehr Ordnung in deiner Küche schaffen und dich auch beim Thema Genuss wieder mehr auf das Wesentliche besinnen darfst.

Für mich ist Essen niemals nur eine reine Bedürfnisbefriedigung, sondern vielmehr ein **Akt der Selbstliebe, bei dem Körper, Geist und Seele gleichermaßen genährt werden.** Die Küche ist dabei eine Art Schaltzentrale, in der tagtäglich der Grundstein dafür gelegt wird, dass wir auch im turbulenten Alltag mit andauernder Zeitknappheit unser Wohlbefinden und unsere Gesundheit nicht aus dem Blick verlieren und gut für uns sorgen.

Umso wichtiger ist es, sich hier in Einfachheit und wohltuender Achtsamkeit zu üben, denn damit lassen sich wichtige Grundsteine für ein Leben voller Einfachheit, Gesundheit und wohltuender Leichtigkeit setzen.

Einfachheit, Genuss und Naturverbundenheit sind die wichtigsten Zutaten für ein gutes und entschleunigtes Leben. Ersetze Kochstress, überquellende Küchenschränke und kulinarische Eintönigkeit durch **mehr Übersicht, entlastende Gewohnheiten und viel Platz** für neue Ideen und Anregungen.

Die folgenden fünf Tagesaufgaben helfen dir in der kommenden Woche dabei, **deine Küche auf Vordermann zu bringen** und einem Leben voller Einfachheit und Leichtigkeit wieder ein Stückchen näher zu kommen. Im Deep Dive am Ende des Kapitels erfährst du, warum Ordnung pure Selbstliebe ist und wieso die Küche der Raum in deinem Zuhause ist, an dem du am besten erkennen kannst, wie gut du dich um dich selbst kümmerst.

Geschirr & Töpfe

In der Küche wird gelebt und gekocht, es werden kleine und große Pläne geschmiedet und tagtäglich so einige Stunden verbracht. Kein Wunder also, dass die Küchenschränke mit den Jahren immer voller werden und es **oft viel Aufwand bedeutet, auf diesen wenigen Quadratmetern Ordnung zu halten.**

Investiere heute ein paar Minuten, um dir einen Überblick über deine Küchen-Basics, Töpfe, Geschirr und Kochutensilien, zu verschaffen. Sie haben einen entscheidenden Einfluss auf **deine Freude am Kochen** und können sich sogar auf deinen Stromverbrauch auswirken. Während man sich über angeschlagenes, unpassendes oder überzähliges Geschirr nur ärgert, kostet dich die schlechtere Wärmeleitung und -verteilung von ausgebeulten Töpfen und zerkratzten Pfannen sogar Zeit und Geld. Hier lohnt es sich eventuell, in neues Kochgeschirr zu investieren.

Gehe folgendermaßen vor:

- Räume Geschirr, Töpfe und Pfannen aus dem Schrank und **verschaffe dir einen ersten Überblick.**
- **Sortiere** angeschlagene, zerkratzte, unpraktische und doppelte Sachen aus.
- Räume alles wieder zurück in den Schrank, sodass **häufig genutzte Teile griffbereit** in erster Reihe stehen; eher selten genutzte Utensilien dürfen sich hinten anstellen.

Für mehr Entschlusskraft beim Aussortieren hilft mir besonders in der Küche die folgende Regel: **„Wer nicht mithilft, fliegt raus!“**

Viel Erfolg mit der heutigen Tagesaufgabe!

Gewürze

Heute geht es bei der ZEIT STATT ZEUG Aufräum-Challenge um eine Kategorie, die beim Aufräumen der Küche oft für Überraschungen sorgt: das Gewürzregal. Nicht selten verbergen sich hier einige **längst vergessene Kräuter und Gewürze,** deren Mindesthaltbarkeitsdatum schon seit Jahren überschritten ist. Um das zu vermeiden, empfehle ich dir, diesen Bereich der Küche mindestens einmal im Jahr gründlich aufzuräumen.

Für die heutige Aufgabe beginne damit, dir zuallererst eine Übersicht über deine Gewürzsammlung zu verschaffen, indem du den Schrank, in dem diese sich befindet, einmal **komplett leerräumst und gründlich säuberst.** Suche dann alle Gewürze heraus, die du regelmäßig verwendest, und stelle sie beiseite.

Widme dich anschließend den übrigen Gewürzdosen und prüfe sie auf ihren Inhalt sowie das ausgezeichnete Mindesthaltbarkeitsdatum. Auch wenn Gewürze oft weit über ihr MHD hinaus verzehrbar sind, verlieren die meisten nach etwa drei Jahren ihr Aroma. **Weg kommt, womit du schon lange nicht mehr gekocht** und wofür du keine Verwendung hast.

Sortiere leere Behälter aus, schreibe Gewürze, von denen du Nachschub benötigst, auf deine Einkaufsliste, fasse Doppeltes zusammen und markiere unbeschriftete Behälter neu.

Räume alle Gewürze, die bleiben dürfen, wieder in den Schrank. Achte dabei darauf, dass **häufig verwendete Behälter eher vorne** und selten gebrauchte Würzmischungen weiter hinten stehen.

Freue dich über deinen neuen, gut sortierten Gewürzschrank, der dir in Zukunft beim Kochen viel Spaß machen wird.

Kühlschrank

Heute **auf der To-do-Liste** der Aufräum-Challenge: der Kühlschrank. Wusstest du, dass ein gut eingeräumter Kühlschrank nicht nur Energie spart, sondern dir auch dabei hilft Lebensmittelverschwendung zu vermeiden? Gekühlte Lebensmittel richtig zu lagern, verlängert nicht nur ihre Haltbarkeit, sondern konserviert auch ihren guten, frischen Geschmack.

Obwohl wir bei dieser Tagesaufgabe **möglichst zügig vorgehen,** rate ich dir, den Kühlschrank für die Zeit des Aufräumens auszuschalten, um nicht unnötig Energie zu verschwenden.

Räume den kompletten Kühlschrank leer und wische ihn mit etwas warmem Wasser und einem Tropfen Spülmittel aus. Gehe nun alle Lebensmittel durch und **überprüfe** ihr Mindesthaltbarkeitsdatum. Sortiere abgelaufene oder unbrauchbare Nahrungsmittel aus und räume die verbleibenden Vorräte wieder in den Kühlschrank.

Die folgenden Tipps können dabei **sehr hilfreich** sein:

- Sortiere gekühlte Lebensmittel **nach Themen** und stelle Zusammengehöriges nebeneinander (z.B. Käse zu Käse).
- Verwende **praktische Kühlschrankkörbe** für Lebensmittel, die du sehr häufig benötigst (z.B. Frühstückskorb, Abendbrotkorb, etc.) – das erleichtert das Ein- und Ausräumen und spart Zeit.
- Beachte bei der Lagerung die unterschiedlichen Kältezonen. Platziere **alles, was bald gegessen werden sollte,** in vorderer Reihe und geduldigere Lebensmittel dahinter.
- Um Lebensmittelverschwendung zu vermeiden, kann ein **„Eat-me-first-Korb"** helfen. Darin kannst du all die Lebensmittel und Speisen aufbewahren, die sehr bald gegessen werden sollten.

Keinen anderen Schrank in unserem Zuhause öffnen wir am Tag so häufig wie den Kühlschrank. Sorge dafür, dass er **ordentlich und klug eingeräumt** ist.

Auf der nachfolgenden Seite findest du eine Übersicht, die dir dabei hilft, deinen Kühlschrank **nachhaltig und sinnvoll** einzuräumen.

Kühlschrank Guide

Damit Lebensmittel **möglichst lange haltbar** sind, keine Vitamine und Nährstoffe verlieren und frisch schmecken, ist es wichtig, diese optimal zu lagern. Der Kühlschrank-Guide zeigt dir, welche Ordnung sinnvoll ist.

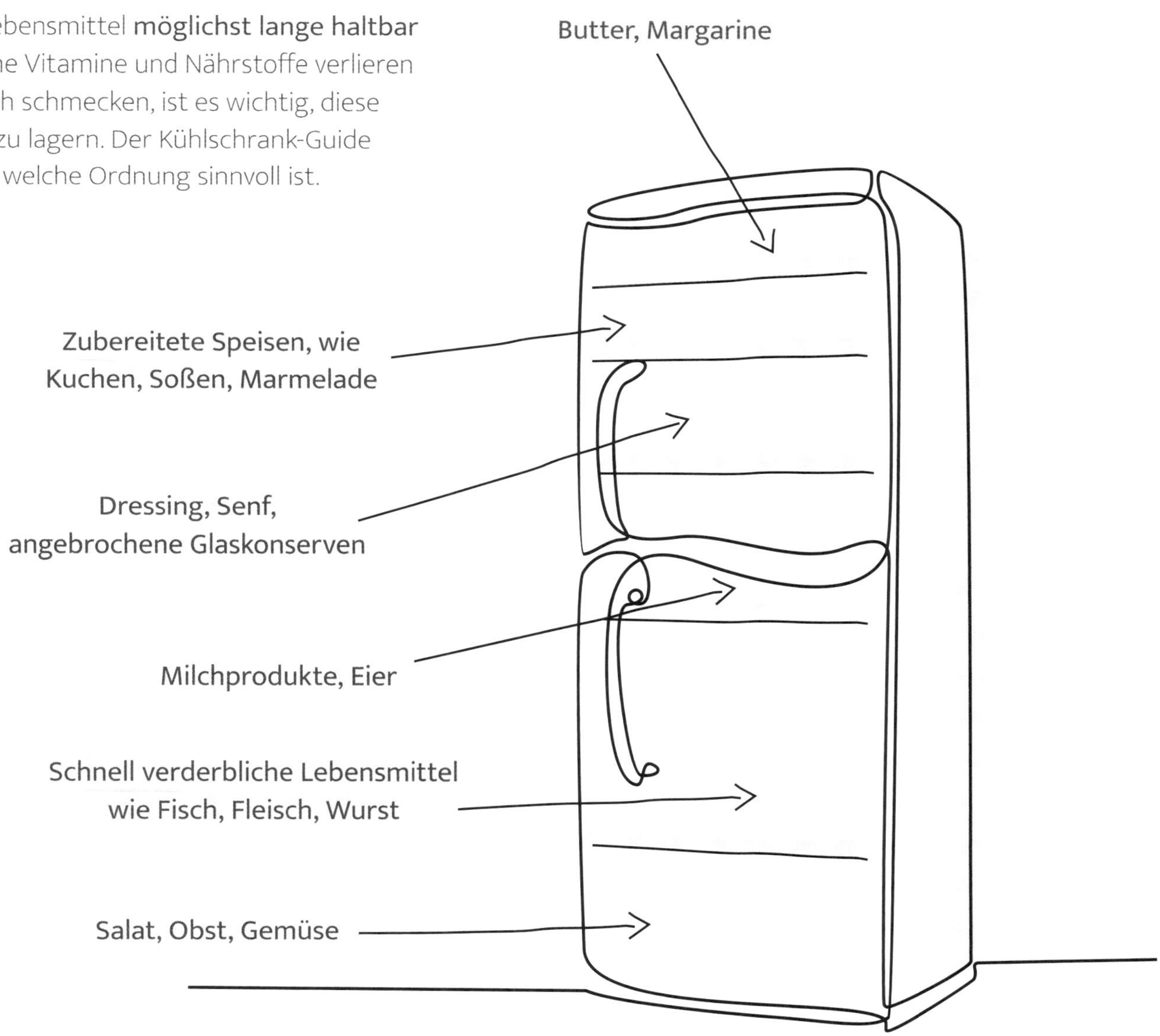

Vorräte & Lebensmittel

Das Schöne an Küchenschränken: Sie bieten **viel Platz** für Lebensmittel und Küchenzubehör. Der Nachteil an ihnen: Hinter verschlossenen Türen und Schubladen werden Lebensmittel unsichtbar, was meist dazu führt, dass wir irgendwann den Überblick darüber verlieren, was sich alles in unserer Küche befindet. Neben angebrochenen Nudelpackungen, Reis, Hülsenfrüchten und verschiedenen Mehlsorten stehen oft exotische Gewürze, Soßen und extravagante Tees – allesamt unangetastet.

Damit dir das Kochen weiterhin Freude bereitet und leicht gelingt, ist es auch hier wichtig, eine gründliche Bestandsaufnahme zu machen. Am heutigen Tag der Aufräum-Challenge widmen wir uns den Küchenvorräten und Lebensmitteln. Du wirst feststellen, dass diese Aufgabe nicht nur ein reines Aufräumen und Ordnen ist, sondern **dich auch mit deinen Ernährungsgewohnheiten konfrontiert.**

Einige Nahrungsmittel, die beim Entrümpeln zum Vorschein kommen, passen vielleicht nicht mehr zu deinen aktuellen Ernährungsvorlieben, bei anderen weißt du, dass sie dir nicht guttun und dass du sie aus diesem Grund vom Speiseplan verbannen solltest. **Nutze das Aufräumen der Vorräte ganz bewusst,** um dich zu fragen, welche Nahrungsmittel du in Zukunft öfter genießen möchtest und welche Vorräte (vorläufig) nichts mehr in deiner Küche verloren haben.

Räume heute deinen gesamten Vorratsschrank aus und **verschaffe dir einen gründlichen Überblick.**

Greife im ersten Schritt alle Nahrungsmittel heraus, mit denen du **regelmäßig kochst,** prüfe ihr Mindesthaltbarkeitsdatum und stelle sie beiseite.

Sortiere nun alle Lebensmittel aus, die du schon länger nicht mehr verwendet hast. Prüfe ihr Mindesthaltbarkeitsdatum und **entscheide, ob sie entsorgt werden sollen** oder eventuell an Nachbarn, Freunde oder Bekannte verschenkt werden können.

Notiere Lebensmittel, für die du Nachschub benötigst, auf deiner Einkaufsliste, fasse Doppeltes zusammen und markiere unbeschriftete Behälter neu.

Räume alle verbleibenden Lebensmittel wieder in den Schrank. Achte dabei darauf, dass **deine häufig verwendeten Behälter gut zugänglich** sind.

Mahlzeitenplanung

Ich weiß nicht, wie es dir geht, aber mich hat die Mahlzeitenplanung jahrelang viel Zeit, Geld und Nerven gekostet. Obwohl ich es liebe, zu kochen, überforderte es mich, Woche für Woche die Mahlzeiten für mich und meine Familie zu planen. Ausgewogen sollte es sein, , möglichst gesund, einfach in der Zubereitung, und Groß und Klein sollte es gleichermaßen gut schmecken. Gar nicht **so einfach, oder?**

Egal, ob du nur für dich, für zwei oder für eine ganze Familie sorgst, das Thema **Ernährung nimmt einen großen Teil in unserem Alltag ein.** Wie ich es geschafft habe, dass das die Mahlzeitenplanung kein Stressthema mehr ist, verrate ich dir in der heutigen Challenge-Aufgabe, und ich lade dich gleichzeitig ein, meine Methode auch für dich auszuprobieren.

Sammle auf der nachfolgenden Seite etwa 20–25 **Lieblingsgerichte, die möglichst einfach zuzubereiten sind** und allen, die mitessen, schmecken. Besonders praktisch ist es, wenn du die Gerichte zusätzlich auf kleinen Kärtchen oder Klebezetteln notierst.

Mache es dir zur regelmäßigen Gewohnheit, am Wochenende die Planung für die Mahlzeiten der bevorstehenden Tage zu machen, indem du für jeden Wochentag jeweils ein Gericht aus deiner Sammlung auswählst und an einem gut sichtbaren Ort in der Küche aufhängst (z.B. auf einem Magnetboard oder einer Pinnwand). Kindern macht es meist großen Spaß, hier mitzureden, frage also gerne nach Wunschgerichten. Ist die Woche einmal kulinarisch durchgeplant, musst du nur noch dafür sorgen, dass alle Zutaten vorrätig sind bzw. beim nächsten Einkauf besorgt werden.

Seitdem ich dieses einfache Mahlzeitenplanungs-Tool verwende, hat die Frage „Was koche ich heute?“ für mich jeglichen Schrecken verloren. **Probiere es einmal aus!**

Worksheet
Deine Mahlzeitenplanung

Erstelle eine möglichst umfangreiche Liste deiner bzw. eurer Lieblingsgerichte, die gut schmecken und möglichst einfach zuzubereiten sind (idealerweise 20–25 Stück). Notiere die Gerichte **zusätzlich auf kleinen Kärtchen oder Klebezetteln** und nutze sie für die wöchentliche Mahlzeitenplanung.

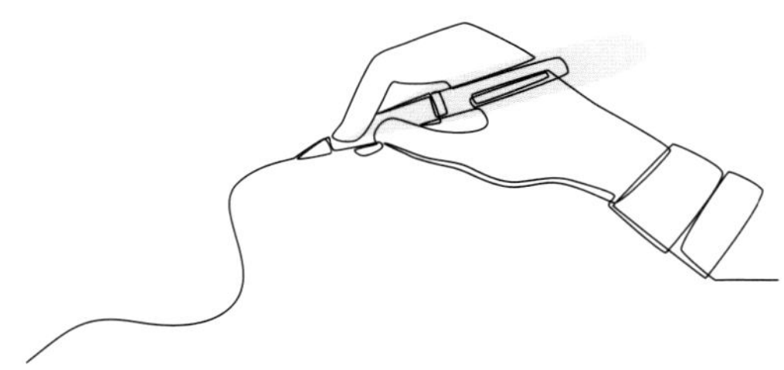

Warum Ordnung Selbstliebe ist

Auch wenn es auf den ersten Blick so aussieht, als ob eine aufgeräumte Umgebung lediglich eine reine Äußerlichkeit ist, **ändert Ordnung mehr, als du vielleicht glaubst.** Wie du mittlerweile weißt, kann Unordnung sich auf alle Bereiche deines Lebens auswirken. Sie sorgt dafür, dass du dich müde und erschöpft fühlst, macht dich unkonzentriert, führt manchmal sogar zu Schlafstörungen und zu dem Gefühl, überfordert zu sein.

Ordnung hingegen gibt dir das Gefühl von Sicherheit. Sie schenkt dir mehr Zeit und Klarheit und das gute Gefühl, dein Leben im Griff zu haben.

Seine Umgebung in Ordnung zu halten, bedeutet vor allem eins: **Wertschätzung, Selbstfürsorge und Selbstbestimmung.** Damit dein Zuhause ein Ort ist, an dem du dich wohl fühlst, du entspannen und neue Energie tanken kannst, ist es wichtig, dass dieser Ort Klarheit und Ruhe ausstrahlt und du möglichst nur von Dingen umgeben bist, die für dich wichtig sind. Wenn du deine Umgebung aufräumst und entrümpelst, gewinnst du nicht nur Platz im Außen, sondern immer auch neue Freiräume für deine Träume, Bedürfnisse und tiefen Sehnsüchte.

An der Küche erkennt man am besten, wie gut wir uns gerade um uns selbst kümmern. In diesem Wohnbereich geht es um Fürsorge, für uns und die Menschen, die uns wichtig sind. **Mit jeder Mahlzeit nähren wir nicht nur unseren Körper, sondern auch unseren Geist und unsere Seele.** Sich selbst wertzuschätzen und zu lieben, bedeutet also, alles Notwendige dafür zu tun, dass es uns gut geht und wir gesund und voller Energie sind.

Ordnung ist also immer auch ein wenig Selbstfürsorge, denn um uns in unserem Zuhause, unserer zweiten Haut, richtig wohlzufühlen, brauchen wir eine Umgebung, die Klarheit, Leichtigkeit und Freude ausstrahlt und in der wir uns regenerieren.

Unser Zuhause ist ein wunderbarer Spiegel unserer Innenwelt. Was sagt dein Zuhause darüber aus, wie gut du dich um dich selbst kümmerst? Erkennst du dich darin wieder?

Woche 04: Schlafen

Im Schlafzimmer beginnen und enden die meisten Tage, hier lassen wir jeden Abend den Alltag los, finden Ruhe, Entspannung und erholsamen Schlaf. Damit all das möglich ist, ist Ordnung im Schlafzimmer essenziell. Die folgenden fünf Tagesaufgaben helfen dir dabei, diesen Bereich wieder in einen Ort der Ruhe und Erholung zu verwandeln.

Ein Ort zum Abschalten

Das Schlafzimmer ist der Ort, an dem wir uns nach einem langen Tag zurückziehen, zur Ruhe kommen und Energie für den neuen Tag sammeln. Damit du dich hier wohlfühlst und Körper und Geist optimal regenerieren können, ist **Ordnung in diesem Raum ein absolutes Muss.**

Chaosecken, grelles Licht, achtlos herumliegende Kleidung gilt es hier genauso zu vermeiden wie alles, was aufwühlt und Stress oder Sorgen verursacht. Um zur Ruhe zu kommen, ist es wichtig, diesen Raum **so reizarm und klar wie möglich** zu gestalten. Smartphones, Laptops und Arbeitsunterlagen haben hier nichts zu suchen.

Eine luftreinigende Zimmerpflanze, gemütliche, schöne Bettwäsche, ein inspirierendes Bild oder dein Lieblingsbuch auf dem Nachttisch fördern hingegen das Wohlbefinden. **Sie verwandeln das Schlafzimmer in deine persönliche Ruheoase** und sorgen dafür, dass dieser Raum deiner Wohnung ein ganz besonderer Rückzugsort ist, in dem du dich gerne aufhältst und der dir Kraft für den neuen Morgen gibt.

Nutze die kommenden Tage, um dafür zu sorgen, dass dein Schlafbereich ein Ort ist, an den du dich gerne zurückziehst. **Überlege, welche Stimmung in diesem Raum herrschen soll.** Welche Farben strahlen für dich Ruhe und Geborgenheit aus? Was ist dir in einem deiner persönlichsten Rückzugsräume wichtig?

Diese Woche enthält auch zwei Tagesaufgaben für mehr innere Ordnung. Passend dazu erfährst du im Deep Dive dieser Woche, **warum Rituale und Routinen das Leben einfacher machen** und wie auch du von ihrer positiven Wirkung profitieren kannst.

Nimm dir in den kommenden Tagen etwas Zeit, um dein Schlafzimmer in kleinen, machbaren Schritten **zu deinem neuen Lieblingsort zu machen.**

Nachttisch

041

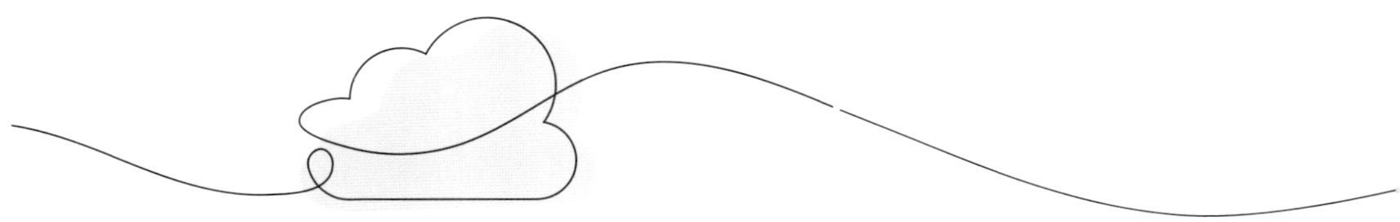

Am ersten Tag dieser Challenge-Woche beginnen wir mit dem **vermutlich kleinsten Möbelstück** im Schlafzimmer: mit dem Nachttisch.

Heute als praktische Ablagefläche neben dem Bett sehr beliebt, wurde der Nachttisch einst als diskretes Versteck für den Nachttopf erfunden. Auch wenn es in dieser Funktion mittlerweile ausgedient hat, ist das Kleinmöbel dennoch meist **das Erste und das Letzte, das wir sehen, wenn der Tag beginnt oder endet.** Sorge dafür, dass du ein gutes Gefühl verspürst, wenn dein Blick darauf fällt.

Räume heute deinen Nachttisch komplett leer, wische ihn gründlich mit einem Tuch ab und widme dich dann **dem Inhalt seiner Schubladen** und dem, was auf dem Tischchen liegt.

Von welchen Dingen möchtest du bei Tagesanbruch und -ende umgeben sein? **Welche Gegenstände sind dir wichtig?** Was stimmt dich perfekt auf den bevorstehenden Tag oder die kommende Nacht ein? Was hast du nachts gerne griffbereit in deiner Nähe?

Eine schöne Lampe, eine luftreinigende Pflanze, dein Tagebuch, ein Bild, das Babyfon, eine besondere Habseligkeit, ein gutes Buch, Handcreme, Taschentücher – wähle gut aus und **sorge dafür, dass der Platz neben deinem Bett ein ganz besonderer ist.**

Bettwäsche

Nach einem anstrengenden Tag gibt es kaum etwas Wohltuenderes, als sich in ein frisch bezogenes Bett zu legen, den Stress des Alltags hinter sich zu lassen und schnell in einen **tiefen, erholsamen Schlaf** zu sinken.

Für die heutige Tagesaufgabe widmen wir uns dem Thema Bettwäsche. Hier gilt dieselbe Regel wie für all die anderen Dinge in deinem Haushalt: **Was regelmäßig benutzt wird, darf bleiben, der Rest muss gehen.**

Räume deine komplette Bettwäsche aus dem Schrank und **verschaffe dir einen ersten Überblick.** Vergiss dabei nicht, die sich aktuell in Benutzung befindende Bettwäsche gedanklich mitzuzählen.

Sortiere als erstes all die Bezüge und Laken aus, die du **nicht magst,** die abgenutzt sind oder die aus verschiedenen anderen Gründen ausgedient haben.

Überlege nun, welche Bettwäsche du behalten möchtest. Im Grunde genügen zwei Garnituren pro Person. Eine wird genutzt, eine ist in der Wäsche oder im Schrank. Auf separate Winter- oder Sommerbettwäsche kann in der Regel auch verzichtet werden, in den meisten Klimazonen ist einfache Baumwollbettwäsche absolut ausreichend.

Ich bin ein großer Fan von schöner Leinen-Bettwäsche. Sie ist besonders atmungsaktiv und wirkt temperaturregulierend, wodurch sie im Sommer angenehm kühlt und im Winter wärmend wirkt. Echtes Leinen ist zwar meist etwas teurer in der Anschaffung, dafür aber besonders langlebig und wirklich eine Bettwäsche **für die Ewigkeit.**

Atmosphäre

043

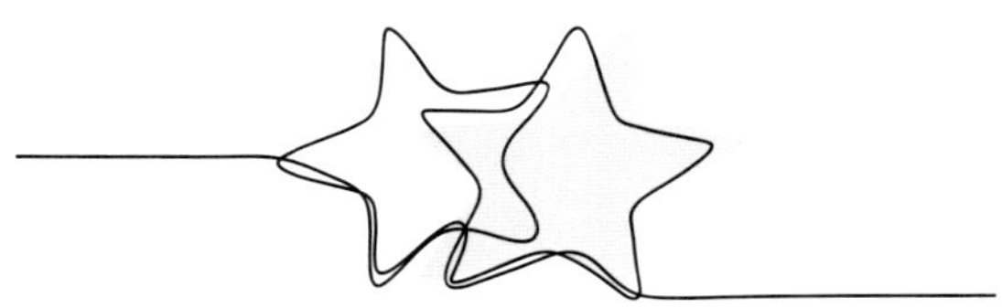

Nachdem du nun bereits deinen Nachttisch aufgeräumt und deine Bettwäsche einem kritischen Blick unterzogen hast, lade ich dich heute dazu ein, die Atmosphäre deines Schlafzimmers einmal **ganz bewusst auf dich wirken zu lassen.**

Um im Schlafbereich gut **zur Ruhe kommen** zu können, empfehle ich dir, ihn so übersichtlich und reizarm wie nur möglich zu gestalten. Grelles Licht, unordentliche Ecken, Staubfänger und achtlos herumliegende Kleidungsstücke beeinträchtigen die Wohlfühlatmosphäre des Raumes genauso wie Arbeitsunterlagen, benutzte Taschentücher und vertrocknete Zimmerpflanzen.

Nimm dir heute ein paar Minuten Zeit, setze dich auf die Bettkante und lasse deinen Blick im Schlafzimmer umherschweifen. **Was fällt dir auf?** Was gefällt dir besonders gut und welche Ecken stören dich? Wie wirkt dieser Raum auf dich? Strahlt er die Stimmung aus, die du dir für dein Schlafzimmer wünschst?

Sorge heute dafür, dass dein Schlafzimmer ein ganz besonderer **Raum der Ruhe und Behaglichkeit** ist. Wechsele die Bettwäsche, hänge ein schönes Bild auf oder räume eine störende Chaosecke auf.

Auf der folgenden Seite kannst du inspirierende Ideen und Bilder für dein Schlafzimmer sammeln. **Erschaffe dir auf dem Papier dein Traum-Schlafzimmer** und versuche hinterher, ein wenig dieser besonderen Atmosphäre jetzt schon in diesen ganz persönlichen Rückzugsort zu holen.

Worksheet
Dein Traum-Schlafzimmer

Wie sieht dein Traum-Schlafzimmer aus? Welche Atmosphäre herrscht dort? Welches Gefühl gibt dir dieser Raum? Welche Farben spiegeln für dich Ruhe und Geborgenheit wider? Wovon möchtest du dort umgeben sein?

Zeichne, klebe oder schreibe im Folgenden auf, wie **dein perfektes Schlafzimmer** aussieht. Überlege im Anschluss, wie du das Gefühl dieses perfekten Ortes jetzt schon in die Realität holen kannst.

Deine Morgen-Routine

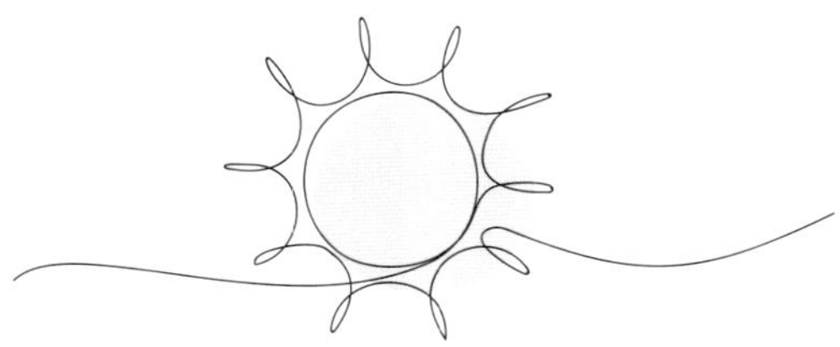

Rituale und Routinen machen das Leben einfacher und verleihen dem Tag Struktur und Verlässlichkeit. Wenn es ein Ritual gibt, das ich auf gar keinen Fall mehr missen möchte, dann ist es das Morgen-Ritual. In der ersten Stunde eines neuen Tages bewusst etwas Wohltuendes für mich zu tun, war **einer der großen Game-Changer in meinem Leben.**

Ein Ritual, dass auch dir dabei helfen kann, gut in den Tag zu starten, ist **deine Morgen-Routine.** Die ersten Minuten eines neuen Tages können die Energie für den gesamten Tag prägen, entscheide also ganz bewusst, wie du die Zeit nach dem Aufwachen verbringen möchtest.

Wie startest du morgens in den Tag? Greifst du gleich nach dem Aufstehen zum Handy oder **kümmerst du dich erst einmal um dich** und um deine Lieblingsmenschen? Mit welchem Gefühl beginnen die allermeisten deiner Tage? Fokussiert und voller Energie oder schlaftrunken und hektisch?

Überdenke deine bisherige Morgen-Routine. Mit welchen Abläufen bist du zufrieden und wo wünschst du dir etwas **Veränderung?** Auf der nachfolgenden Seite findest du ein Worksheet für die heutige Tagesaufgabe.

Plane dann deine Morgen-Routine neu. **Vielleicht schaffst du es zukünftig, deinen Tag etwas bewusster zu beginnen** und dir erst einmal etwas Zeit für dich, für deinen Partner oder für deine Familie zu nehmen?

„Your inbox is the outbox of the others." Entscheide du, wen du in den ersten kostbaren Minuten des Tages in deinen Kopf lässt.

Worksheet
Deine Morgen-Routine

Wie **startest** du momentan in den Tag?

Wie möchtest du dich am Morgen **fühlen?**

Welche **Routinen** könnten dir dabei helfen, optimal in den Tag zu starten?

Welche Routine möchtest du in den kommenden Tagen **ausprobieren?**

Entscheide dich für **eine bis drei neue Gewohnheiten** und überlege, wie du sie konkret in deinen Alltag einbauen kannst.

Deine Abend-Routine

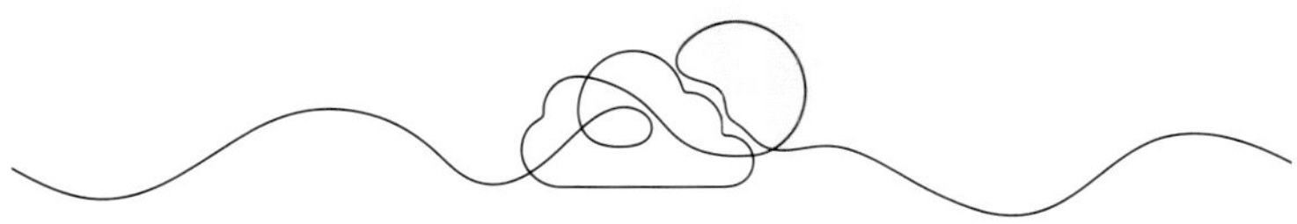

Nachdem du gestern bereits deine Morgen-Routine überdacht und heute vielleicht schon eine paar erste kleine Änderungen ausprobiert hast, geht es am letzten Tag der vierten Challenge-Woche um ihr Gegenstück, **die Abend-Routine.**

Die Art und Weise, wie wir unsere Tage beenden, hat eine **direkte Auswirkung darauf, wie erholsam die Nacht ist.** Zu viel Zeit am Bildschirm, späte schwere Mahlzeiten oder Grübeleien können sich negativ auf die Schlafqualität auswirken.

Stelle heute deine tägliche Abend-Routine **auf den Prüfstand.**

Wie lässt du deine Tage in der Regel ausklingen? Findest du gut in den Schlaf oder halten dich deine Gedanken oft **noch eine Weile wach?** Ist deine Nachtruhe erholsam, schläfst du durch oder wirst du häufig wach? Kannst du am nächsten Morgen ausgeruht und voller Energie in den Tag starten?

Eine amerikanische Studie belegt, dass das blaue Displaylicht von Smartphones, Tablets und Co. den Spiegel des **Schlafhormons Melatonin** senkt. Dies kann Einschlafprobleme, unruhige Nächte und mangelnde Erholung zur Folge haben.

Plane mithilfe des Worksheets deine Abend-Routine neu. Vielleicht gelingt es dir, vor dem Zubettgehen Bildschirme zu meiden. **Dies wirkt sich positiv auf deinen Schlaf aus.** Probiere es einmal aus und finde neu heraus, was dir guttut und was nicht.

Worksheet
Deine Abend-Routine

Wie **beendest** du momentan den Tag?

Wie möchtest du dich am Abend **fühlen?**

Welche **Routinen** könnten dir dabei helfen, den Tag optimal zu beenden?

Welche Routine möchtest du in den kommenden Tagen **ausprobieren?**

Entscheide dich für **eine bis drei neue Gewohnheiten** und überlege, wie du sie konkret in deinen Alltag einbauen kannst.

Was das Leben einfacher macht

Deep Dive

Der immergleiche Weg zur Arbeit, ein fester Platz am Esstisch oder die Tasse Lieblingstee am Ende des Tages – wir Menschen sind Gewohnheitstiere und lieben immer wiederkehrende Abläufe. Sie geben unseren Tagen Struktur und helfen uns dabei, dass wir die **Dinge hinbekommen, die wir uns vorgenommen haben.**

Rituale und Routinen machen das Leben einfacher, geordneter und vorhersehbarer. Die positive Wirkung von immer wiederkehrenden Handlungsabläufen liegt vor allem darin, dass sie im Laufe der Zeit zu festen Gewohnheiten werden. In unseren Tagesablauf integriert, laufen sie fast automatisch ab, erfordern kaum Entscheidungen und verlangen dem Gehirn keine Anstrengung ab. Hat man sich einmal daran gewöhnt, Handlungen immer auf eine bestimmte Art und Weise auszuüben, gibt das Sicherheit.

Lieb gewonnene Rituale können wahre Glücksmomente hervorrufen, während andere Gewohnheiten wiederum deinen Tagesablauf vereinfachen und dir dabei helfen, gut in den Tag zu starten. Unser Gehirn liebt Muster und arbeitet **wesentlich einfacher und effizienter,** wenn unser turbulenter Alltag regelmäßig von Zeiten unterbrochen wird, in denen routinierte Abläufe überwiegen.

Auch wenn Rituale und Routinen dir grundsätzlich dabei helfen können, deinen Alltag leichter zu meistern, ist es wichtig, dass du **deine Gewohnheiten regelmäßig hinterfragst,** denn nicht alle davon tun immer nur gut.

Welche Rituale und Routinen gehören fest zu deinem Alltag? Gibt es eine Gewohnheit, die du noch bewusster gestalten möchtest?

Die besondere Stärke von Ritualen und Routinen zeigt sich übrigens am deutlichsten, wenn uns das Leben am allermeisten herausfordert: in Stressphasen, in Zeiten des Umbruchs und der Veränderung oder in beruflichen oder persönlichen Krisen. Gerade dann sind verlässliche Routinen wichtig, da sie den Tagen wieder **mehr Struktur und Sicherheit schenken.** Erinnere dich also auch in solchen Zeiten daran, an deinen guten Gewohnheiten festzuhalten, sie schenken dir genau dann besonders viel Halt und Stärke.

Woche 05: Kleiden

Wie wäre es, wenn dein Kleiderschrank nur noch Lieblingsstücke enthalten würde, die dir perfekt passen, deiner Figur schmeicheln und dir beim Tragen jedes Mal ein wunderbares Gefühl geben? Ein schöner Gedanke, oder? In der kommenden Woche widmest du dich dem Thema Kleidung und lässt los, was nicht mehr zu dir passt.

Nicht mehr, sondern besser

Kennst du das auch: Du stehst morgens vor dem prall gefüllten Kleiderschrank und trotzdem findest du nichts anzuziehen? **Nichts gefällt oder passt dir so richtig** und am liebsten würdest du auf der Stelle zum Handy greifen, um virtuell ein wenig durch die Läden zu bummeln und dir etwas Neues zu gönnen?

Kleidung hatte schon immer einen hohen Stellenwert für uns Menschen. Früher vor allem Mittel zum Zweck, uns vor dem Erfrieren zu schützen, haben die unzähligen Pullover, Hosen, Oberteile und Kleider, die sich in unseren Schränken befinden, heute eine noch viel größere Bedeutung: **Unsere Garderobe ist wichtig für den Selbstausdruck und hat einen unmittelbaren Einfluss auf unsere Stimmung.** Ob wir uns gerade selbstbewusst, unsicher, glücklich oder auch klein und unscheinbar fühlen, hängt nicht selten damit zusammen, wie wir über unser Outfit denken.

Heute besitzen wir zwar etwa vier Mal mehr Kleidung als 1980, verzweifeln aber dennoch regelmäßig beim Anblick unseres (vollen) Kleiderschranks. Während es früher eine Sommer- und eine Winterkollektion gab, bringen die bekannten Moderiesen heute bis zu 24 verschiedene Kollektionen pro Jahr heraus. Etwa 60 Kleidungsstücke kauft jeder von uns im Durchschnitt jährlich, **manches davon nur für eine Saison.**

Weil Fast Fashion zwar billig ist, aber **einen hohen Preis hat, der nicht auf dem Etikett steht,** plädiere ich dafür, umzudenken und nicht mehr, sondern besser zu kaufen. Das Wissen um die ökologischen und sozialen Auswirkungen von Billig-Kleidung ist mittlerweile weitverbreitet und so lade ich dich in dieser Challenge-Woche dazu ein, dich einmal umfassend und gründlich mit dem Inhalt deines Kleiderschranks auseinanderzusetzen. Fünf Tage lang darfst du die unterschiedlichen Kategorien auf den Prüfstand stellen, entscheiden, was dir gefällt, guttut und deiner Persönlichkeit entspricht und welche Dinge nicht (mehr) zu dir passen.

Ein übersichtlicher Kleiderschrank macht nicht nur dein Leben leichter, sondern hilft dir gleichzeitig dabei, dich in dieser Welt so auszudrücken, wie du wirklich bist. Schnell wirst du bemerken, wie gut es sich anfühlt, wenn die morgendliche Kleiderwahl im Nu erledigt ist, sich **in deinem Kleiderschrank nur noch Lieblingsteile** befinden, alles schön ordentlich und übersichtlich vor dir liegt und du dich der Welt tagein, tagaus genauso zeigen kannst, wie es dir entspricht.

Garderobe

05/1

Der Eingangsbereich unseres Zuhauses ist das Erste bzw. das Letzte, was wir beim Heimkommen bzw. beim Verlassen des Hauses sehen. Hier findet der Übergang vom privaten ins öffentliche Leben statt und damit hat dieser Bereich rund um die Haustüre **große Auswirkungen auf unser Wohlbefinden.**

Gleichzeitig ist der Eingangsbereich der öffentlichste Raum unserer Wohnung, den auch all die Menschen sehen, die die Türschwelle nie übertreten, zum Beispiel der Postbote, die Nachbarn usw. Zu dieser **Visitenkarte unseres Zuhauses** gehört meist die Garderobe, in der sich nicht selten auf sehr wenig Raum sehr viele Mäntel, Jacken, Mützen, Schals und Co. sammeln. Höchste Zeit, hier für mehr Ordnung und Übersicht zu sorgen.

Räume zuerst alle Kleidungsstücke beiseite, die nicht der Jahreszeit entsprechen, und **verstaue sie** an einem anderen, dafür vorgesehenen Ort.

Stelle im nächsten Schritt sicher, dass sich an deiner Garderobe nur Jacken, Mützen, Schals usw. befinden, die du und deine Familie **mögen und regelmäßig tragen.** Sortiere ungeliebte, defekte oder unpassende Sachen aus und räume den Rest übersichtlich in den Schrank, an die Garderobenhaken oder in die dafür vorgesehenen Fächer und Schubladen zurück.

Vielleicht hast du auch Lust, dir eine **Drop-Zone im Flur einzurichten?** Dann stelle einen großen Korb oder eine Kiste auf, in der alles landet, was zeitnah das Haus verlassen soll. So bekommen aussortierte Gegenstände und Leihgaben einen Platz, bleiben im Blickfeld und erinnern dich daran, sie zurückzugeben oder zu entsorgen.

Schuhe

Heute geht es weiter mit dem Eingangsbereich, in dem du deine Schuhe **einer kritischen Prüfung unterziehst.** Je nach Zeit und/oder Anzahl der Paare kannst du dir die für eine bestimmte Saison (z.B. Winterschuhe) oder gleich alle deine Schuhe vornehmen.

Räume zuerst alle deine Schuhe aus dem Schrank und breite sie auf dem Fußboden vor dir aus.

Wähle alle Schuhpaare aus, die du häufig und gerne trägst, die dir **gut passen** und die in gutem Zustand sind, und räume sie in den Schrank zurück.

Kümmere dich als Nächstes um Schuhe, die selten getragen werden, zu klein, zu eng, zu weit, unbequem, abgetragen etc. sind, und lege sie auf den Weggeben-Stapel.

Entscheide bei den verbleibenden Schuhen, welche Paare durch etwas Pflege bzw. Ausbessern eine **zweite Chance** verdienen und welche nicht.

Putze die Schuhe, die Pflege benötigen, und stelle die auszubessernden Paare **in deine Drop-Zone** in der Nähe der Eingangstüre, um sie bald zum Schuster zu bringen.

Sammele alle aussortierten Schuhe in einer bzw. mehreren Tüten und **entscheide, was damit passieren soll.** Auf Seite 152 findest du Tipps und Adressen, wenn du Kleidung und Schuhe loswerden möchtest.

Kleiderschrank: Oberteile

05/3

Weil das Aufräumen und Entrümpeln des Kleiderschranks oftmals nicht nur eine Mammutaufgabe ist, sondern auch eine große Hemmschwelle birgt, nehmen wir dieser angsteinflößenden Aufgabe ihren Schrecken, indem wir sie **in drei kleinere und leichter zu bewältigende Zwischenschritte aufteilen.**

Heute beginnen wir mit dem ersten Schritt, einer übergeordneten Kategorie deines Kleiderschranks: den Oberteilen.

Räume zu Beginn alle deine Oberteile aus dem Schrank und **verschaffe dir einen Überblick** über deine Pullover, T-Shirts, Tops, Sweatshirts, Blusen und Jacken.

Sortiere abgetragene, **ungeliebte** und unpassende Teile zuerst aus.

Räume im zweiten Schritt **alle Lieblingsteile in den Schrank zurück.**

Knöpfe dir zum Schluss alle Teile vor, bei denen **du dir unsicher bist,** und frage dich jeweils:

- **Wann habe ich das Oberteil zuletzt getragen?**
- **Mag ich es und fühle ich mich darin wohl?**
- **Schmeicheln mir Schnitt, Farbe, Material und Passform?**

Lautet die Antwort auf eine dieser Fragen „Schon sehr lange her" bzw. „Nein", solltest du dich davon **verabschieden.**

Räume nun alle Oberteile zurück, die bleiben dürfen, und bringe die aussortierten bis zum Ende dieser Woche **aus dem Haus.**

Kleiderschrank: Unterteile

Nachdem du gestern die erste Kategorie deines Kleiderschranks **entrümpelt und neu geordnet** hast, widmest du dich heute einem weiteren großen Bereich: den Hosen, Leggins, Röcken und Shorts.

Räume alles, was in die Kategorie Unterteile fällt, aus dem Schrank und **verschaffe dir einen Überblick.**

Sortiere im ersten Schritt abgetragene, **ungeliebte** oder zu kleine und zu große Teile aus.

Räume nun alle deine **Lieblingstücke ordentlich in den Schrank zurück.** Verstaue häufig getragene Sachen eher oben (Stapel) bzw. vorne (Reihe) und selten Getragenes weiter unten oder in zweiter Reihe. Dies erleichtert dir das Ankleiden in der Früh und spart zudem Zeit.

Knöpfe dir dann alle Wackelkandidaten vor und **frage dich** bei jedem Teil:

- **Wann habe ich die Hose, den Rock etc. zuletzt getragen?**
- **Mag ich ihn und fühle ich mich darin wohl?**
- **Schmeicheln mir Schnitt, Farbe, Material und Passform?**

Lautet die Antwort auf eine dieser Fragen „Schon sehr lange her“ bzw. „Nein“, solltest du dich davon **verabschieden.**

Räume alle Unterteile in deinen Schrank zurück, die bleiben dürfen, und sammle alles, was aussortiert wurde, an einem geeigneten Ort. Und dann freue dich über **das gute Gefühl der neu gewonnenen Ordnung** in diesem wichtigen Lebensbereich!

Sonstiges

05/5

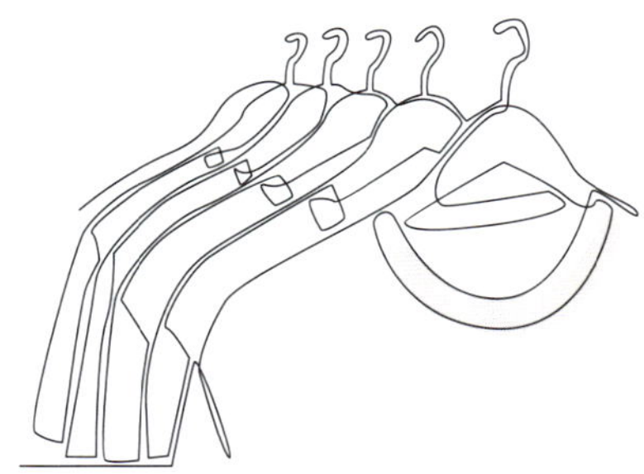

Zum Abschluss der fünften Challenge-Woche hast du die Gelegenheit, dich deiner übrigen Kleidung wie Unterwäsche, Socken, Nachtwäsche, Sport-Klamotten und Kleider zu widmen. Sollte dieser zusammengefasste Bereich sehr groß sein, kannst du die Kategorien nochmals unterteilen.

Beim **Aufräumen und Ausmisten** der übriggebliebenen Kategorien kannst du ebenso vorgehen, wie du es bei den Ober- und Unterteilen getan hast.

Räume zuerst alle Teile einer Kategorie aus dem Schrank und **sichte die Dinge.**

Sortiere abgetragene, ungeliebte und zu große bzw. zu kleine Teile aus und räume dann alle deine **Lieblingskleidungsstücke ordentlich in den Schrank zurück.**

Bei Teilen, bei denen **du dir unsicher bist,** helfen dir wie gewohnt diese Fragen weiter:

- **Wann habe ich das Teil zuletzt getragen?**
- **Mag ich es und fühle ich mich darin wohl?**
- **Schmeicheln mir Schnitt, Farbe, Material und Passform?**

Lautet die Antwort auf eine dieser Fragen „Schon sehr lange her“ bzw. „Nein“, solltest du dich davon **verabschieden.**

Sorge dafür, dass alle aussortierten Kleidungsstücke bis zum Ende dieser Woche **das Haus verlassen:** Das ist entscheidend dafür, dass die neu gewonnene Ordnung nachhaltig ist.

Warum dein Besitz dich in Besitz nimmt

Wusstest du, dass ein jeder von uns im Durchschnitt etwa **10.000 Dinge besitzt?**

Und vieles, was wir unser Eigen nennen, nutzen wir gar nicht. Es liegt herum, wird von einem Ort zum anderen getragen oder ist sogar ganz aus unserer Sichtweite gebracht. **Wir sammeln aus Angst vor dem Zuwenig und leiden dann an dem Zuviel,** das unser Leben oft schwer und unübersichtlich macht.

Indem du aufräumst, kannst du neuen Schwung in dein Leben bringen, denn **Dinge auszusortieren ist ein wirksames Instrument für mehr Klarheit, Fokus und Leichtigkeit** im Leben. Zu viel Zeug bindet hingegen Energie und verhindert Konzentration. Es macht dich müde und fahrig und hinterlässt nicht selten sogar ein Gefühl der Leere.

An Tagen, an denen mir Fokus, Klarheit oder Leichtigkeit fehlen, bringe ich gerne etwas in Ordnung. Die Post sortieren, einen Knopf annähen oder ein Fach in meinem Kleiderschrank aufräumen, ganz egal. Diese 15 Minuten, in denen ich mich um etwas Liegengebliebenes kümmere, hinterlassen ein wunderbares Gefühl von Erledigungsfreude und verleihen mir **neuen Schwung für den Tag.**

Wer im Außen Ordnung schafft, tut dies automatisch auch im Inneren, denn **Ausmisten schafft Freiraum** – nicht nur in den eigenen vier Wänden, sondern vor allem auch in deinem Geist.

Wenn das Zuviel des Alltags dir also wieder einmal den Blick auf das Wesentliche verstellt, wird es allerhöchste Zeit innezuhalten, dir wieder mehr Raum für dich zu schaffen und loszulassen, was zu viel ist und einen Alltag schwer macht. Probiere es einmal aus und spüre **das gute Gefühl von Freiheit und Klarheit, das Ordnung dir schenkt.**

Woche 06: Pflegen

Das Badezimmer ist ein wichtiger und sehr privater Ort in unserem Zuhause. Hier streifen wir den Alltag ab, entspannen, lassen los und bereiten uns auf den Tag oder die Nacht vor. Weil hier auf wenigen Quadratmetern viel untergebracht werden muss, sind eine durchdachte Ordnung und der Fokus aufs Wesentliche entscheidend dafür, wie wohl du dich an diesem sehr persönlichen Rückzugsort fühlst.

Die heimische Wohlfühloase

Wusstest du, dass das private Badevergnügen einst ein **großer Luxus** und nur den oberen Bevölkerungsschichten vorbehalten war? Die Mehrheit der Menschen musste sich bis etwa 1900 mit Schüssel und Krug begnügen. Als die Versorgung der Haushalte mit Wasser, Gas und Strom irgendwann immer besser gelang, hielt auch bei uns das Badezimmer Einzug in unsere Wohnungen und Häuser.

Heute ist das Badezimmer der privateste Raum in unserem Zuhause und schon lange kein Ort mehr, der nur noch rein funktionalen Charakter hat. Weil es in unserem hektischen Alltag immer weniger Rückzugsorte gibt, an denen wir abschalten und uns ein wenig Nicht-Erreichbarkeit gönnen können, bietet sich das **Bad als Wohlfühloase** an.

Im Vergleich zum Wohnzimmer, der Küche oder dem Schlafzimmer wird das Bad aber meist dennoch ziemlich stiefmütterlich behandelt. Wir tun uns schwer damit, diesen oft kleinen und unscheinbaren Raum **gemütlich und gleichzeitig übersichtlich zu gestalten.**

Damit dein Badezimmer genau wie der Rest deines Zuhauses ein Ort wird, an dem du dich wohlfühlst und **von den richtigen und wichtigen Dingen umgeben** bist, lade ich dich ein, die kommenden Tage dafür zu nutzen, auch hier mehr Ordnung und Klarheit einziehen zu lassen.

Der Ort, an dem die Welt draußen bleiben darf, an dem du dich um deinen Körper kümmerst, dir Gutes tust und entspannst, sollte ein Ort sein, der Zweckmäßigkeit und Komfort miteinander verbindet und an dem du ganz du selbst sein darfst.

Während wir diesen Wohnbereich in den kommenden fünf Tagen aufräumen, ist es wichtig, dass du dich auch um die Stimmung in deinem Badezimmer kümmerst. Wie wirkt das Licht? Wonach duftet es in diesem Raum? Kannst du mit einer Duftkerze, einer stimmungsvollen Lampe oder einer Pflanze vielleicht noch ein wenig **mehr Atmosphäre** in dein Badezimmer zaubern?

Das Badezimmer steht für das Loslassen. Passend dazu erfährst du im Deep Dive am Ende dieses Kapitels, warum wir lieber festhalten als loslassen und wie du mit etwas Übung auch darin immer besser werden kannst.

Körperpflege

Im Badezimmer sorgen wir täglich dafür, dass wir uns **in unserer Haut wohlfühlen.**

Nimm dir heute etwas Zeit, um dich zuallererst um den Platz rund um die Dusche und/oder Badewanne zu kümmern. Dort sammeln sich häufig eine Vielzahl von Körperpflegeprodukten und Badutensilien an, von denen einige vermutlich überflüssig oder bereits leer sind.

Während du dein Badezimmer aufräumst, lege ich dir auch ans Herz, die Inhaltsstoffe der Pflegeprodukte **auf ihre Unbedenklichkeit hin zu überprüfen.** Dafür gibt es entsprechende Apps (z.B. Codecheck, ToxFox), mit denen du in Sekundenschnelle herausfinden kannst, ob sich in einem Pflegeprodukt gesundheitsgefährdende Inhaltsstoffe befinden.

Räume zu Beginn die Fläche rund um Wanne und Dusche frei und **wische sie gründlich sauber.** Sortiere alles Herumstehende wie Duschgel, Shampoo, Badezusätze, Schwämme und sonstige Utensilien und Pflegeprodukte nach der einfachen Regel: Alles, was regelmäßig genutzt wird, bleibt – der Rest kommt weg!

Überprüfe mithilfe der App, welche Körperpflegeprodukte unbedenklich sind und auf welche du **lieber verzichten** möchtest.

Wenn dich die Anzahl der vielen Shampoo- und Duschgelflaschen für die unterschiedlichen Vorlieben aller Familienmitglieder stört, kannst du darüber nachdenken, diese gegen ein gemeinsames, hochwertiges Wasch- und Pflegeprodukt für Groß und Klein auszutauschen. Mittlerweile gibt es eine großartige Auswahl an Produkten, die sich für die ganze Familie eignen und mit denen du die Flut an unterschiedlichen Waschlotionen, Duschgels und Shampoos in deinem Badezimmer **deutlich reduzieren** kannst.

Make-up & Gesichtspflege

An Tag zwei dieser Challenge-Woche darfst du dich um all deine Produkte rund um Make-up und Gesichtspflege **kümmern.**

Räume zunächst deine Gesichtspflege und dekorative Kosmetik aus dem Schrank und breite alles vor dir aus. **Überlege,** was davon du täglich bzw. häufig nutzt, und räume diese wieder an ihren Platz zurück.

Wenn du einen Inhaltsstoffe-Check machen möchtest, scanne den Barcode und **informiere dich** über eventuell gesundheits- bzw. umweltschädigende Inhaltsstoffe. Entscheide, was du weiterhin verwenden möchtest und was nicht.

Sortiere als Nächstes abgelaufene Kosmetik, bröseligen Puder, zerdrückte Lippenstifte usw. aus. Wenn du dir bezüglich des Haltbarkeitsdatums unsicher bist, **verlass dich auf deine Sinne:** Riecht ein Produkt anders, hat es sich verfärbt oder haben sich die unterschiedlichen Komponenten getrennt? Dann weg damit!

Entscheide beim Rest, **was bleiben darf,** wofür du Alternativen suchen möchtest und welche Produkte entsorgt werden können.

Medizinschrank

Auch die Hausapotheke darf **regelmäßig aufgeräumt und entrümpelt** werden. Abgelaufene Medikamente sollten aussortiert werden, denn anders als bei Lebensmitteln ist das angegebene Datum bei Arzneimitteln kein Mindesthaltbarkeitsdatum, sondern ein Verfallsdatum. Der Grund: Bei zu langer Lagerung können Arzneien unwirksam werden oder in gefährliche Abbaustoffe zerfallen.

Räume deine Hausapotheke komplett leer und **verschaffe dir einen Überblick** über die Medizin, die du hast.

Sortiere abgelaufene Medikamente und leere oder überflüssige Verpackungen aus.

Fasse die Medizin im zweiten Schritt in Kategorien wie z.B. Erkältung, Kinder-Hausapotheke, Wunden etc. zusammen und **ordne sie** entsprechend in deinem Medizinschrank ein.

Da die Entsorgung von Medikamenten bundesweit unterschiedlich gehandhabt wird, solltest du dich erst kundig machen, welche Bestimmungen in deinem Bundesland gelten, bevor du Arzneimittel entsorgst. **Auf keinen Fall dürfen Alt-Arzneien in der Toilette oder im Spülbecken beseitigt werden,** da sie ins Grundwasser geraten können. Auf der Webseite www.arzneimittelentsorgung.de findest du detaillierte Informationen darüber, wie das in deinem Wohnort gehandhabt wird.

Schmuck & Haarutensilien

Die sechste Challenge-Woche ist **fast geschafft.** Heute ordnen wir noch deinen Schmuck und deine Haarutensilien neu.

Sammele zunächst alle Teile ein, die in diese Kategorie fallen, und breite sie auf einem Tisch vor dir aus.

Beginne mit deinem Schmuck und wähle zuerst all die Stücke aus, die **für dich ganz besonders wertvoll** sind, egal ob materiell oder emotional, und lege sie zur Seite.

Unterziehe nun deinen Fundus einem kritischen Blick und sortiere kaputte, wenig getragene und ungeliebte Schmuckstücke aus. Entscheide bei den restlichen Stücken, welche Teile du behalten möchtest und was **an anderer Stelle Freude bereiten** darf.

Räume deine **Lieblingsstücke wieder an ihren Platz.** Aussortierten Schmuck kannst du verschenken, verkaufen (Flohmarkt, Juwelier, Antiquitätenhändler, etc.) oder spenden. Wende dich nun auf dieselbe Art und Weise den Haarutensilien wie Klammern, Spangen und Gummis, Bürsten etc. zu.

Entscheide, was bleiben darf und was nicht, und räume alles wieder ein. Haarbürsten freuen sich über ein Reinigungsbad in warmem Seifenwasser. Anschließend kannst du sie mit einer alten Zahnbürste von Schmutz und Haaren befreien.

Handtücher & Badtextilien

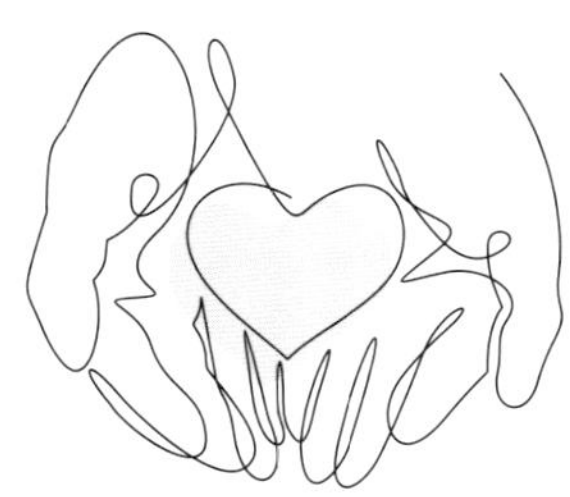

Ein gutes Handtuch muss besonders flauschig und saugfähig sein, damit es sich auf unserer Haut **gut anfühlt.** Als alltäglicher Gegenstand übersteht es im Idealfall mehrere Hundert Wäschen, bevor es die ersten Abnutzungserscheinungen zeigt.

Räume alle Handtücher, Waschlappen und Bademäntel aus den Schränken und **überblicke** einmal deren Anzahl und Zustand.

Räume nun alle Badtextilien, die du sehr magst und die **in einem tadellosen Zustand** sind, wieder an ihren Platz zurück.

Trenne dich als Nächstes von löcherigen, verfärbten, zu sehr aufgerauten und ungeliebten Handtüchern. Entscheide, ob die übrig gebliebenen Textilien bleiben dürfen oder nicht.

Aussortierte Handtücher und Bademäntel sind bestes Upcycling-Material, wirf sie also auf keinen Fall unbedacht weg. Mit ein paar Nähkenntnissen kannst du ihnen als Wasch- oder Putzlappen, Lätzchen oder waschbares Kosmetikpad ein **zweites Leben schenken.**

Handtücher sind zudem ganz besonders in Tierheimen eine **sehr willkommene Spende.**

Warum wir lieber festhalten als loslassen

Wir halten lieber fest, als loszulassen. So wurden wir von der Natur gemacht und so ist es bis heute. Bereits Babys kommen mit einem Klammerreflex auf die Welt. Das Bedürfnis, an Dingen, Menschen und Gewohnheiten festzuhalten, ist **urmenschlich** und sollte uns einst vor Gefahr und Verlust schützen.

Wir denken immer, wenn wir loslassen, verlieren wir etwas, dabei ist genau das Gegenteil der Fall. **Wer loslässt, hat beide Hände frei.** Er gewinnt Klarheit, schafft Raum für sein zukünftiges Ich und sorgt für mehr Leichtigkeit im Leben. Loslassen braucht zwar oft eine große Portion Mut, aber wenn du etwas Altes loslässt, entscheidest du dich automatisch für etwas Neues.

Ich glaube fest daran, dass das Loslassen von Dingen auch im Inneren einen Reinigungsprozess anstößt. Nachdem man das Leben Schicht für Schicht von allem Überflüssigen befreit hat, dringt man irgendwann zum Wesentlichen vor, zu dem, **worum es im Leben wirklich geht.** Wer möchte ich in dieser Welt sein und wie will ich leben?

An diesem Punkt geht es ums Loslassen und Leerwerden. Darum, sich Zeit zu nehmen für das, was wichtig ist, **sich von allem Unnötigen zu verabschieden** und wieder einen klaren, unverstellten Blick aufs Wesentliche zu bekommen. Dieser Prozess erinnert mich immer ein wenig an eine Häutung, an das Abstreifen einer alten, zu eng gewordenen Haut. Nachdem man das Außen aufgeräumt und entrümpelt, wie bei einer Zwiebel Schicht für Schicht alles Überflüssige und Beschwerende entfernt hat, dringt man zum Kern vor.

Wenn wir uns also auf den Weg machen wollen in ein leichtes, erfülltes Leben, ist das Loslassen von allem Überflüssigen und Unnötigen der erste und wichtigste Schritt. Das Schöne: **Loslassen lässt sich trainieren wie ein Muskel.** Fange klein an und steigere dich langsam. Du wirst sehen, mit der Zeit wird es immer leichter. Die ZEIT STATT ZEUG Aufräum-Challenge ist dein erster Schritt und mit jedem weiteren Tag, an dem du dir die Frage stellst, was dir wichtig ist und was gehen darf, wird es leichter und leichter, loszulassen.

Woche 07: Verwalten

Ordnung in das Papierchaos des Lebens zu bringen, ist für die meisten von uns eine große Herausforderung. Fünf machbare Aufgaben helfen dir in den kommenden Tagen dabei, deine persönlichen Unterlagen neu zu ordnen. Hast du die Administration des Lebens einmal im Griff, schenkt dir dies nicht nur mehr Zeit, sondern auch das gute Gefühl von Sicherheit und Vertrauen.

Die Administration des Lebens

Kauf- und Mietverträge, Kontoauszüge, Rechnungen oder die Stundenpläne der Kinder – im Laufe der Zeit sammelt sich in unserem Zuhause eine Vielzahl von wichtigen Dokumenten an. **„Wie halte ich meine Papiere und persönlichen Unterlagen in Ordnung?“**, ist eine Frage, die mich sehr häufig erreicht, beliebt ist diese Aufgabe aber dennoch nicht. Meist liegt das daran, dass die Zettelwirtschaft uns schon lange über den Kopf gewachsen ist. Verstreut, unsortiert, unvollständig und dazu meist auch noch auf eine Vielzahl von Ordnern oder Schubladen verteilt, fällt es uns schwer, ein System in das Papierchaos des Lebens zu bringen.

Die wichtigsten Unterlagen sinnvoll zu ordnen und die Papierstapel endgültig aufzulösen, erleichtert die Organisation des Lebens sehr. **Ein gutes Ordnungssystem, das perfekt zu dir und deinem Leben passt,** gibt Sicherheit und schenkt dir mehr Zeit für andere Dinge. Ein kleiner, aber sehr wichtiger Nebeneffekt ist zudem das gute und beruhigende Gefühl, dein Leben im Griff zu haben. Hat alles seine Ordnung, lassen sich die Herausforderungen des Alltags besser meistern und hereinflatternde Briefe, Rechnungen und Dokumente können schneller bearbeitet und besser aufbewahrt werden.

Damit du auch mit deinen persönlichen Unterlagen einen entspannten Umgang hast, lade ich dich ein, die kommenden fünf Tage dafür zu nutzen, ordentlich klar Schiff zu machen. Überschaubare Tagesaufgaben helfen dir dabei, das Papierchaos zu reduzieren und dein Ablagesystem zu vereinfachen, sodass du auch in diesem äußerst wichtigen Lebensbereich mehr Klarheit und Ordnung hast.

Das Schöne daran: **Hast du deinen Papierkram einmal sortiert und geordnet, brauchst du in Zukunft für die Ablage nur noch wenig Zeit** und kannst sie vielleicht sogar ganz nebenbei erledigen.

Unterlagen

Eine Lösung für den geordneten Umgang mit den täglich wachsenden Papierbergen aus Rechnungen, Steuerunterlagen und anderen wichtigen Dokumenten ist das am meisten gefürchtete und am sehnlichsten erwartete To-do der Aufräum-Challenge. **Die stetig wachsenden Papierberge drücken auf unser Gemüt** und lösen nicht selten ein Gefühl von Überforderung aus.

Für einen einfachen Start in die Woche trage heute alle losen Dokumente und Papiere zusammen, die eine Bearbeitung oder Aktion von dir erfordern und die sich noch unerledigt oder noch nicht abgelegt in deinem Zuhause befinden.

Rechnungen, Verträge, Steuerunterlagen, offizielle Dokumente und Schreiben – gehe beim Zusammentragen der Unterlagen gründlich vor und **stelle sicher, dass du keine ungeordneten Dokumente vergisst** oder übersiehst.

Sobald du alles eingesammelt hast, geht es darum, **eine grobe Ordnung zu schaffen.** Fasse die Dokumente nach Themen geordnet zusammen, zum Beispiel Persönliches, Beruf, Wohnen, Versicherungen, Finanzen, Rente, Freizeit, Shopping, Kinder. Dafür kannst du Prospekthüllen oder Mappen verwenden.

Lege die zusammengetragenen Schriftstücke an einen sicheren Ort. **Für heute bist du fertig,** im Laufe der Woche kommen wir wieder auf die Unterlagen zurück.

Durch das konsequente Sammeln der Unterlagen bekommst du einen guten Überblick und legst gleichzeitig auch den **Grundstein für alle weiteren Schritte:** das Aussortieren, Reduzieren und Neuordnen.

Schreibtisch

Ein minimalistischer Schreibtisch sieht nicht nur gut aus, sondern sorgt auch dafür, dass du dich besser **auf dein eigentliches Tun konzentrieren** kannst und nicht dauernd abgelenkt wirst.

Heute gilt es, auf deinem Schreibtisch wortwörtlich „reinen Tisch“ zu machen: Auf deiner Arbeitsfläche sollen **nur noch Dinge stehen dürfen, die du regelmäßig brauchst.** Alles andere gehört in leicht erreichbare Schubladen und Fächer in greifbarer Nähe.

Räume zu Beginn deinen Schreibtisch **komplett leer** und verfrachte alles, was sich darauf befindet, auf den Boden oder auf eine benachbarte Ablagefläche.

Wische die Tischoberfläche anschließend mit einem feuchten Lappen ab. Ist der Tisch sauber, geht es daran, alles, was sich auf dem Boden befindet, **zu sortieren und wieder an seinen Platz zu stellen.** Nur Unterlagen und Gegenstände, die einen Zweck erfüllen, dürfen zurück auf den Schreibtisch.

Hier gilt die Regel: **Alles, was doppelt ist, ist überflüssig** und wird als Reserve an einem dafür vorgesehenen Platz aufbewahrt oder aussortiert. Für dauerhafte Ordnung solltest du den wichtigsten Utensilien unbedingt einen festen Platz auf dem Schreibtisch geben, wohin sie nach der Benutzung wieder verlässlich zurückgeräumt werden.

Falls du keinen Schreibtisch hast, dennoch aber gelegentlich Büroarbeiten am Esstisch erledigst, macht es eventuell Sinn, dir **eine Bürobox anzulegen:** eine hübsche Kiste, in der du alles Wichtige für administrative Tätigkeiten aufbewahrst (z.B. Locher, Heftklammern, Notizblock, Klarsichthüllen, Schreibmaterial etc.) und die im Bücherregal oder in einem Schrank Platz findet. So kannst du sie bei Bedarf hervorholen und hast immer alles griffbereit.

Stifte & Büromaterial

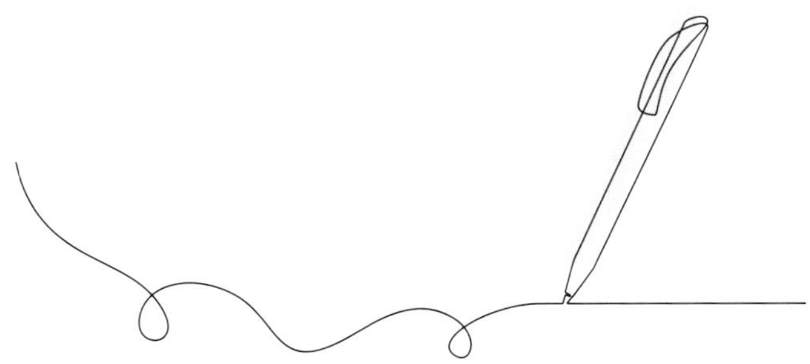

Wie viele Kugelschreiber kannst du in einer Minute in deinem Zuhause finden? Und wie viele davon **funktionieren noch einwandfrei?** In fast jedem Haushalt gibt es sie: die Schublade mit Stiften und Büroutensilien aller Art. Meist etabliert sich dort über Jahre hinweg ein wildes Sammelsurium an teils funktionierenden, teils unbrauchbaren Schreibwerkzeugen und Kram.

Trage heute sämtliche Schreibgeräte und Büromaterialen, die sich in deinem Haushalt befinden, zusammen und **überprüfe sie** auf ihre Funktionsfähigkeit und ihren Nutzen.

Sortiere dabei kaputte, eingetrocknete oder überflüssige Stifte aus, spitze stumpfes Schreibwerkzeug oder tausche gegebenenfalls die Minen aus.

Verteile die Stifte wieder an den **dafür vorgesehenen Orten.**

Überflüssige, gut erhaltene Bleistifte, Buntstifte, Kugelschreiber & Co., die du nicht behalten möchtest, kannst du **verschenken oder an soziale Einrichtungen spenden,** beispielsweise an Kindergärten, die Aktion „Stifte stiften“ usw.

Jede Ordnung ist nur so gut wie das System, mit dem man sie pflegt. Bei der Ablage von persönlichen Unterlagen gibt es unterschiedliche Methoden und Systeme. Wichtig ist, **ein Ordnungssystem zu finden, das zu deinem Leben passt,** einfach zu handhaben ist und langfristig gut für dich funktioniert.

Wenn du die für dich perfekte Ablagestruktur noch nicht gefunden hast, hast du heute die Gelegenheit, dich mit verschiedenen Ordnungssystemen zu beschäftigen. Alternativ kannst du sehr gut organisierte **Menschen in deinem Umfeld befragen,** wie sie ihre Unterlagen organisieren.

Zwei Systeme, die sich in der Praxis besonders bewährt haben, sind Aktenordner sowie die Aufbewahrung wichtiger Dokumente als lose Blattsammlung in Hängeregisterboxen. Beide Ordnungsweisen haben ihre Vorzüge. Ich habe gute Erfahrungen damit gemacht, diese beiden Systeme miteinander zu kombinieren.

Richte ein Fach für eingehende Post und Unterlagen ein, die deine Aufmerksamkeit bzw. eine zeitnahe Erledigung benötigen. Lege einen Wochentag fest, an dem du dich immer um die Bearbeitung dieses Faches kümmerst. **Notiere dies als festes To-do** in deinem (digitalen) Kalender.

Für die **Ablage von bearbeiteten Dokumenten** empfehle ich dir die folgenden Varianten:

- **Kurz- und mittelfristige Ablage** der Unterlagen in einer Box mit entsprechend beschrifteten Hängeregistern (z.B. Haus & Hof, Job, Versicherungen, Geld etc.)
- **Langfristige Ablage** in strukturierten und beschrifteten Aktenordnern
- **Digitale Ablage** als Scan, zum Beispiel mithilfe einer Scan-App auf deinem Smartphone, und externe Speicherung

Mache heute **den ersten Schritt für eine gut durchdachte Ablage,** die optimal zu deinem Leben passt. Bereite alles vor, was du dafür benötigst, beginne damit, die Unterlagen, die du an Tag 1 der Woche gesammelt und kategorisiert hast, abzuheften, setze dir konkrete Zeitfenster, um die restlichen Unterlagen in Ordnung zu bringen.

Damit das Papierchaos auch in Zukunft keine Chance mehr hat, findest du auf der nachfolgenden Seite die drei goldenen Regeln für den Erhalt deines Ablagesystems.

Infosnack
Drei goldene Ablage-Regeln

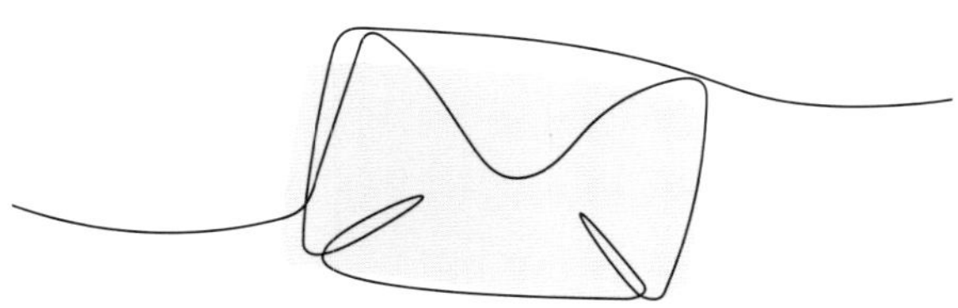

Erste goldene Regel: Eingehende Post niemals in Eile öffnen. Nimm dir täglich ein paar Minuten Zeit, um Briefe bewusst durchzugehen, vorzusortieren und Termine oder andere erforderliche Handlungsschritte zu notieren. Auf diese Weise entgeht dir nichts und du kannst die nächsten Handlungsschritte besser planen.

Zweite goldene Regel: Rechnungen, wichtige Anschreiben und damit zusammenhängende Erledigungen innerhalb einer Woche und an einem festen Tag bearbeiten. In Anspruch genommene Leistungen, Termine, Anrufe oder andere wichtige To-dos und Besorgungen sollten spätestens nach sieben Tagen erledigt sein. Wenn du dir einen bestimmten Wochentag für diese Aufgaben vormerkst, stellst du das ganz einfach sicher. Und mit etwas Übung und regelmäßigen Wiederholungen wird aus der neuen Gewohnheit eine feste, hilfreiche Routine.

Dritte goldene Regel: Regelmäßig Zeit für die Ablage einplanen, einmal wöchentlich oder monatlich zum Beispiel. Entsorge außerdem alles, was nicht (mehr) gebraucht wird (z.B. Werbung, verstrichene Termine, Briefe etc.), sofort und verringere damit die Papierflut schnell und wirksam.

Geld

Ein Bereich, in dem Ordnung ebenfalls ausgesprochen wichtig ist, ist die Organisation deiner Finanzen. Einen genauen Überblick darüber zu haben, wie viel du jeden Monat wofür ausgibst, kann dir nicht nur dabei helfen, Geld zu sparen, sondern gibt dir zudem auch ein **gutes Gefühl von Sicherheit und Kontrolle.** Auch unüberlegte Spontankäufe lassen sich durch einen bewussten Umgang mit Geld besser vermeiden.

Für den genauen Überblick deiner Einnahmen und Ausgaben kann es hilfreich sein, für einen festgelegten Zeitraum **ein Haushaltsbuch zu führen.** Bereits ein Monat genügt, um beurteilen zu können, wo das Geld geblieben ist, wie die Aufteilung deines Budgets aussieht und ob es eventuell wichtig ist, hier ein paar Änderungen vorzunehmen.

Damit am Ende des Geldes nicht noch viel Monat übrig bleibt, empfehle ich dir ein kleines Experiment: **Führe einen Monat lang genau Buch** über deine Einnahmen und Ausgaben. Dies kannst du heute bequem mithilfe einer App tun, die am Ende des Monats genau aufschlüsselt, wohin dein Geld geflossen ist, wo es eventuell Einsparmöglichkeiten gibt und ob das Verhältnis von Einnahmen zu Ausgaben stimmt.

Deine Aufgabe für heute ist es, dir eine geeignete Haushaltsbuch-App herunterzuladen und für deine Lebenssituation entsprechend einzurichten. Auch Fixkosten wie Miete, Strom, Versicherungen etc. kannst du schon eingeben. Mache es dir für den kommenden Monat zur abendlichen Routine, deine Ausgaben des Tages in dein Haushaltsbuch einzutragen. **Beobachte dich und deinen Umgang mit Geld in den kommenden Tagen etwas genauer** als sonst. Vielleicht kannst du schon bald bemerken, wie das Experiment dich nicht nur sparsamer, sondern auch entspannter macht.

Falls du das Haushaltsbuch nicht digital, sondern lieber handschriftlich führen möchtest, findest du auf der folgenden Seite eine **vereinfachte Kopiervorlage.**

Monat:

Einnahmen:

Beschreibung	Euro
	Gesamt

Regelmäßige Ausgaben:

Beschreibung	Euro
	Gesamt

Unregelmäßige Ausgaben:

Datum & Beschreibung	Euro
	Gesamt

Wie du eine neue Gewohnheit schaffst

Gewohnheiten machen das Leben einfacher. Schon als Kind lieben wir immer wiederkehrende Abläufe und im Erwachsenenleben erleichtern sie den Alltag, indem sie uns das Denken und Entscheiden abnehmen. Gute Gewohnheiten helfen dir außerdem langfristig dabei, deine Ziele zu erreichen. Genau darin liegen die Macht und der eigentliche Sinn einer bewusst gewählten Routine. **Genau genommen ist Ordnung, innen wie außen, auch nur die Summe vieler guter Gewohnheiten.**

Die gute Nachricht für alle, die sich neue Routinen wünschen: **Es ist einfacher, eine neue Gewohnheit zu etablieren als eine alte abzulegen,** und diese Tatsache kannst du dir zu Nutze machen. Dafür musst du wissen, dass Veränderungen vor allem ZEIT brauchen. Wie viel Zeit genau, das ist eine sehr individuelle Sache und hängt von jedem selbst ab. Je häufiger du eine Handlung wiederholst, desto stärker wird sie in deinem Gehirn verankert. Mit der Zeit wird sie dann zu einer automatischen Gewohnheit, über die du gar nicht mehr nachdenken musst. So einfach ist es. Wirklich.

Damit eine neue Gewohnheit zu einem Teil von dir wird, empfehle ich dir, **mit dem kleinstmöglichen Schritt zu beginnen.**

Du willst früher aufstehen? Fange mit 5 Minuten an.

Du wünschst dir mehr Ordnung in deinem Papierchaos? Bringe jeden Tag in 5–10 Minuten deine Unterlagen in Ordnung.

Du willst mehr Bewegung in deinen Alltag integrieren? Laufe beim Telefonieren herum.

Steigere dich erst, wenn du merkst, dass daraus ein echter Automatismus geworden ist, der dich **nur noch wenig Energie kostet.**

Jeder Tag ist wie ein kleines Leben. Sorge dafür, dass deine Tage mit vielem von dem gefüllt sind, was dein Leben gut macht.

Woche 08: Aufbewahren

Wie wichtig Stauraum in einem Zuhause ist, wird schnell klar, wenn man eine ungefähre Ahnung davon bekommt, wie viel wir besitzen: Etwa 10.000 Dinge zählt ein jeder sein eigen. Weil es nicht nur wichtig ist, WAS wir aufbewahren, sondern auch WIE, nutzen wir die kommenden Tage, um all das neu zu organisieren, was du aufbewahren möchtest.

Ein Fall für irgendwann

In dieser Woche widmen wir uns den typischen **Krempel-Hotspots in deinem Zuhause.** Hier sammeln sich gerne Dinge an, die wir „für irgendwann" aufheben. Dort fristen sie ihr Dasein, ziehen zu unserem Ärgernis oft noch mehr Chaos und Unordnung an, bis aus dem Krempel irgendwann richtiger Ballast geworden ist.

Ein gutes Beispiel für so einen Krempel-Hotspot ist die Krimskramsschublade, die sich in jedem Haushalt findet. Ich nenne sie liebevoll **„Schublade des Grauens",** weil sie voller Überraschungen steckt, die nicht immer erfreulich sind. Um diese Spezial-Aufgabe kümmern wir uns an Tag 4 dieser Challenge-Woche.

Ein weiterer Bereich, in dem es den allermeisten von uns sehr schwer fällt, aufzuräumen und loszulassen, sind **Andenken und Dinge, mit denen wir sentimentale Erinnerungen verbinden.** Alte Tagebücher aus unserer Kindheit, das Lieblingsporzellan der Ur-Oma, Liebesbriefe von Verflossenen oder all die kleinen Kunstwerke und Basteleien unserer Kinder – bei diesen Dingen zu entscheiden, was bleiben und was gehen darf, ist die Königsdisziplin beim Aufräumen. Mit ein paar Tipps und Tricks wird es auch dir zukünftig besser gelingen, Dinge loszulassen, bei denen du dich bislang dazu verpflichtet gefühlt hast, daran festzuhalten.

Kremple die Ärmel hoch und freue dich auf eine weitere Challenge-Woche, in der du **Ballast loslässt** und deinem Ziel von einem aufgeräumten Zuhause, das wohltuende Ruhe und Klarheit ausstrahlt, immer näherkommst.

Einkaufstaschen

08/1

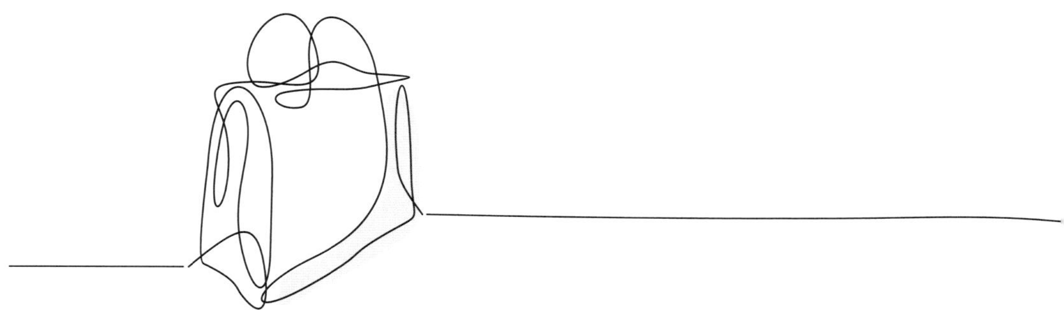

Der Verbrauch von Plastiktüten, den Symbolen unserer Konsumgesellschaft, ist **zum Glück stark zurückgegangen,** seit diese 2022 verboten wurden und Einzelhändler nun dazu verpflichtet sind, Alternativen zu anbieten.

Weil Nachhaltigkeit aber nur dann funktioniert, wenn jeder von uns im Alltag möglichst viele kleine Gewohnheiten ändert und **Schritt für Schritt durch Besseres ersetzt,** widmen wir uns heute zuerst einer der gängigsten Aufbewahrungsmöglichkeiten: der Einkaufstasche.

Trage alle Tüten und Beutel zusammen, die sich in deinem Haushalt befinden, **und sortiere aus,** was löcherig, stark verschmutzt, unpraktisch, nicht in regelmäßiger Benutzung oder überflüssig ist.

Alte Plastiktüten möglichst nicht wegwerfen, sondern besser als Müllbeutel **weiterverwenden.** Für eine positive Ökobilanz ist es entscheidend, sämtliche Einkaufstaschen und -beutel unbedingt mehrfach zu verwenden.

Verstaue bei dieser Gelegenheit auch gleich ein paar Stoffbeutel in deinen Handtaschen, deinen Rucksäcken und in deinem Auto. Auf diese Art und Weise stellst du sicher, dass du beim Einkaufen immer genügend Taschen parat hast und **nicht ständig die Anschaffung von weiteren Einkaufstüten aus Papier notwendig wird.**

Vielleicht möchtest du dir bei dieser Gelegenheit auch wiederverwendbare Obst- und Gemüsenetze anschaffen? So kannst du **noch mehr Müll vermeiden.**

Vorratsbehälter

Am zweiten Tag dieser Challenge-Woche widmen wir uns der Kategorie „Vorratsbehälter und Frischhaltedosen". Räume dafür zunächst alle Vorratsdosen und Frischhaltebehälter aus dem Schrank und **verschaffe dir eine erste Übersicht** über die Menge und den Zustand der Vertreter dieser Kategorie in deinem Haushalt.

Stelle nun alle Behälter in den Schrank zurück, die du **gerne magst,** häufig nutzt und die intakt sind.

Wähle all die Behälter aus, die in keinem guten Zustand sind (z.B. undicht) oder selten bis nie zum Einsatz kommen, und sortiere sie gemeinsam mit unvollständigen Teilen (z.B. fehlender Deckel) aus. Achte besonders bei Vorratsdosen aus Plastik darauf, ob diese **noch einwandfrei** sind oder ob das Material bereits Abnutzungs- oder Alterungserscheinungen zeigt, beispielsweise in Form von spröde gewordenem Plastik.

Sollten noch Vorratsdosen übrig sein, bei denen du **unschlüssig** bist, überlege dir genau, wie viele Behälter du im Alltag brauchst und ob sie eventuell in einem anderen Bereich Verwendung finden, etwa zur Aufbewahrung von Bastelmaterial.

Vielleicht hast du Lust, einen zusätzlichen Schritt in ein plastikfreies Leben zu tun? Beispielsweise kannst du deine Vorratsdosen aus Plastik nach und nach **durch Behälter aus Glas ersetzen.** Dafür musst du nicht zwangsläufig gleich teure Glas-Vorratsbehälter anschaffen, auch Weck- und Marmeladengläser eignen sich ganz wunderbar. Diese gibt es in unterschiedlichen Größen und sie sind kostengünstig, hygienisch sowie mehrfach wiederverwendbar.

Schrank unter der Küchenspüle

083

Mit dem Schrank unter der Küchenspüle verbinden die meisten von uns einen unattraktiven, unübersichtlichen und schwer zugänglichen Ort. **Geht's dir da genauso?**

Tatsache ist, dass dieser Bereich aufgrund des Siphons, der dort mit der Rohrleitung verbunden ist, oftmals schwierig zu nutzen ist und deswegen meist **in unüberschaubarem Durcheinander versinkt.**

Nimm dir heute ein paar Minuten Zeit, kremple die Ärmel hoch und **bringe fix den Schrank unter der Küchenspüle in Ordnung.**

Räume zu Beginn das komplette Fach leer und **wische es gründlich aus.**

Überlege, welche der dort aufbewahrten Dinge regelmäßig zum Einsatz kommen, und räume diese wieder in den Schrank zurück. **Beschränke dich hierbei unbedingt nur** auf die Dinge, die du im Alltag wirklich regelmäßig benötigst, um diesen komplexen Ort auch langfristig ordentlich zu halten.

Entscheide bei den übrigen Dingen, ob du sie **an einem anderen Ort** aufbewahren möchtest oder ob sie entsorgt werden können.

Für mehr Übersicht und einfaches Handling im Alltag können Boxen, ein Regaleinsatz oder kleine Körbe sorgen, die du **nach Themen einräumen und verstauen** kannst (z.B. alles für die Spülmaschine, alle Reinigungsmittel, die Müllbeutel etc.).

Schublade des Grauens

In jedem Haushalt gibt es mindestens eine: die Chaos-Schublade oder von mir auch liebevoll „Schublade des Grauens“ genannt. Egal, ob Krimskramsfach in der Küche, Foto-Sammelsurium im Wohnzimmer oder Zettel-Chaos in der Schreibtischschublade – hier wird meist alles hineingestopft, was schnell wegmuss, aber keinen fest zugeordneten Platz hat. Mit der Zeit sammelt sich an diesem Ort **ein wildes Durcheinander an verschiedensten Dingen** an.

Nimm heute all deinen Mut zusammen und gehe deiner Chaos-Schublade an den Kragen.

Räume sie dafür einmal komplett leer und **überblicke** ganz in Ruhe ihren Inhalt.

Überlege dir als Nächstes eine oder mehrere Kategorien für die Schublade und **fasse zusammen, was zusammengehört.** Räume die dazu passenden Gegenstände wieder ordentlich ein. Hierbei gilt: Gleiches zu Gleichem. Für etwas mehr Übersicht in dem Fach können kleine Boxen, ein Schubladenorganizer oder auch ein ausgedienter Besteckkasten sorgen. Entscheide bei den übrig gebliebenen Dingen, was entsorgt, aussortiert oder an einem anderen Ort aufbewahrt werden kann, und **erledige dies sofort.**

Gib dir selbst das Versprechen, auf diese Schublade in den kommenden Tagen und Wochen ganz bewusst achtzugeben und sie ordentlich zu halten.

Andenken & Sentimentales

Eine der kniffligsten Kategorien beim Aufräumen und Entrümpeln sind Andenken und Erinnerungsstücke. Mit Liebe angefertigt oder ausgewählt, sind mit ihnen viele Erinnerungen verbunden, sodass **das Loslassen dieser sentimentalen Gegenstände meist von großen Schuldgefühlen begleitet wird.**

Weil unser Platz begrenzt ist, empfehle ich dir, **nur ausgewählte Lieblingsstücke aufzubewahren,** mit denen du positive Erinnerungen verbindest und die du gerne in deiner Nähe hast.

Wenn es dir sehr schwer fällt, Dinge loszulassen, an denen du hängst, möchte ich mit dir einen Gedanken teilen, der mir persönlich sehr dabei geholfen hat, mich von Geschenken und Erinnerungsstücke besser trennen zu können: **„Dinge lässt man los, die Erinnerungen behält man für immer."**

Wenn du also einen sentimentalen Gegenstand aussortierst, entsorgst du damit nicht auch automatisch die Gefühle, die damit verbunden sind. Diese bleiben **für immer,** während seine materielle Verkörperung irgendwann gehen darf.

Probiere das heute mit diesem Gedanken im Hinterkopf einmal aus. Trage zuerst ausgewählte Andenken, kleine Erinnerungsstücke oder Kinderkunstwerke zusammen. Fühle in dich hinein und überlege, **welche Dinge dir so sehr am Herzen liegen, dass du sie behalten möchtest.** Bewahre nur besondere Erinnerungsstücke auf, wertschätze den Rest für die Freude, die sie dir einmal bereitet haben, und trenne dich dann guten Gewissens davon. Wenn dir dies sehr schwerfällt, kannst du einzelne Andenken abfotografieren und so platzsparend für die Ewigkeit konservieren.

Überlege, wo du einzelne Lieblingsstücke in deinem Zuhause gut sichtbar ausstellen möchtest, so dass sie dir **täglich Freude bereiten** können.

Entscheide dich als Nächstes, wie du die sentimentalen Erinnerungstücke aufbewahrst, die **nicht unmittelbar in deinem Blickfeld** sein müssen. Kinderbilder lassen sich beispielsweise wunderbar in großen Künstlersammelmappen oder in Ablageboxen mit Hängeregistern aufbewahren. Sonstige Andenken finden in einer schönen Box, notfalls auch in einem Umzugskarton Platz.

Warum du dir durchs Aufräumen näherkommst

Lange Jahre habe ich nicht verstanden, dass **mein Weg zur Ordnung eigentlich ein Weg zu mir selbst** ist. Heute weiß ich, dass Aufräumen meine Superpower ist. Ich habe verstanden, dass es dabei um so viel mehr geht als nur um ein ordentliches Zuhause.

Aufräumen, Sortieren und Entrümpeln ordnet nicht nur den Raum, sondern unweigerlich auch deine Innenwelt, denn **oft fällt es leichter, sich dieser über die äußere Welt, also über unser Zuhause, zu nähern.**

Beim Aufräumen musst du dich immer wieder **mit den folgenden drei Fragen auseinandersetzen:**

- **Was ist mir wichtig?**
- **Wofür habe ich Platz in meinem Leben und wofür nicht?**
- **Wo gibt es ein Zuviel in meinem Leben?**

Schritt für Schritt kommst du dabei deiner ganz persönlichen Antwort und damit **auch dir selbst** immer näher.

Sich mit seinem Krempel zu beschäftigen, bedeutet also, sich selbst besser kennenzulernen und herauszufinden, was man braucht zum Glücklichsein. Nach dem Loslassen von Dingen beginnt das innere Loslassen. Gewohnheiten, Gedanken, Gefühle... Was dir nicht mehr guttut, darf gehen. Und das liebe ich am Aufräumen so sehr: Es bringt mich immer wieder zurück zu mir und zu dem Leben, das ich leben möchte.

Wer aufräumt, schafft Platz. Erst im Außen, aber dann vor allem auch im Innen**. Platz für neue Ideen, Möglichkeiten und Träume.** Das Schöne: Sobald sich im Innen eine Klarheit und Aufgeräumtheit einstellt, überträgt sich diese auf unsere Umgebung, das geschieht quasi automatisch.

Für mich ist das der Beginn eines schönen **Engelskreislaufs,** aus dem man nicht mehr aussteigen möchte. Wie geht es dir damit? Wirkt sich Ordnung auch bei dir auf dein Innerstes aus?

Woche 09: Digitales Ordnen

Smartphones & Co. haben unsere Welt grenzenloser und unser Leben einfacher gemacht. Die permanente Informationsflut und andauernde Erreichbarkeit hinterlassen aber zunehmend auch ein Gefühl von Überlastung und Stress. Nutze die kommende Woche, um dein digitales Leben neu zu ordnen und wieder in Balance zu bringen.

Less liking, more loving

Die Digitalisierung hat unser Leben **in vielerlei Hinsicht einfacher gemacht**. Suchmaschinen beantworten zu jeder Tages- und Nachtzeit in Sekundenschnelle unsere Fragen, mit Freunden verabreden wir uns ganz unkompliziert über das Chatprogramm und unsere Lieblingsfilme streamen wir abends gemütlich auf der heimischen Couch.

Eine Studie ergab 2022, dass wir im Durchschnitt jeden Tag 3 Stunden und 43 Minuten am Handy verbringen. **Dabei lassen wir uns bis zu hundert Mal täglich von unserem Smartphone ablenken** und unterbrechen ständig alle möglichen Tätigkeiten, um neue Mitteilungen, Nachrichten und Infos zu checken. Während wir in den letzten Jahren vor allem die Vorteile der digitalen Welt gefeiert haben, wächst langsam das Bewusstsein dafür, dass diese auch eine Kehrseite mit sich bringt. Die tägliche Reizüberflutung sorgt dafür, dass wir uns überlastet und gestresst fühlen.

Wäre es nicht schön, endlich wieder mehr Umarmungen als Likes zu teilen? Wieder öfter in den blauen Himmel als auf den kleinen Bildschirm zu starren? Endlich ein neues Hobby auszuprobieren, anstatt uns stundenlang auf Social Media herumzutreiben?

Vielleicht sehnst ja auch du dich danach, wieder mehr **Zeit für die wichtigen Dinge** zu haben, im Hier und Jetzt und nicht in der digitalen Parallelwelt. Momente, in denen dein Gehirn zur Ruhe kommt, sind viel wichtiger als ein paar Digital-Detox-Tage einmal im Jahr.

In der neunten Woche der ZEIT STATT ZEUG Aufräum-Challenge geht es darum, auch in unserer virtuellen Welt für etwas mehr Balance zu sorgen. Du wirst herausfinden, wie du **mit digitaler Balance mehr Zeit und weniger Stress in deinem Alltag** schaffst. Auch wenn das Chaos in der digitalen Welt unsichtbar ist, wiegt es meist schwer und raubt uns im Alltag viel Energie. Unter Umständen dauert es länger als nur 5 Tage, um hier für mehr Ordnung zu sorgen. Wie du deinem Ziel trotzdem jeden Tag näherkommst, erfährst du im Deep Dive.

Digitale Gewohnheiten

09/1

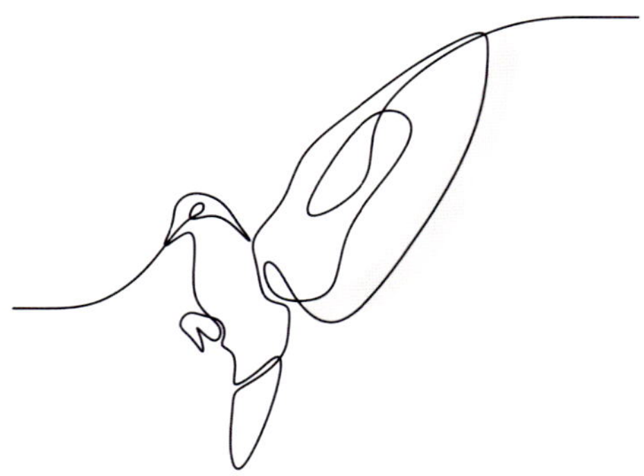

Über 3 Stunden täglich verbringen wir im Schnitt mit unserem Smartphone: Schon früh morgens werden wir vom Handy geweckt, checken kurze Zeit später Nachrichten und E-Mails, scrollen beim Frühstück durch die Sozialen Medien und informieren uns auf dem Weg zur Arbeit nebenbei über das Tagesgeschehen. Das Handy ist ein **fester Bestandteil unseres Alltags geworden,** auf den keiner von uns mehr verzichten möchte.

Am ersten Tag dieser neuen Challenge-Woche lade ich dich dazu ein, **deine digitalen Gewohnheiten zu überprüfen.** Dafür kannst du ganz einfach die integrierte Bildschirmzeit-Tracking-Funktion deines Smartphones nutzen.

Schätze zu Beginn einmal, wie viel Zeit du in den vergangenen sieben Tagen im Durchschnitt täglich am Handy verbracht hast.

Notiere dir deine Schätzung auf dem folgenden Worksheet.

Öffne anschließend dein Bildschirmzeit-Tool und **überprüfe, wie viel Zeit es tatsächlich war.** Wie sehr weichen Schätzung und Realität voneinander ab? Bist du positiv oder negativ überrascht? Was löst das Ergebnis bei dir aus?

Auf dem nachfolgenden Worksheet kannst du dich etwas intensiver mit deinen digitalen Gewohnheiten beschäftigen, diese auswerten und evtl. auch ein **Ziel für neue, gesunde Smartphone-Routinen** definieren.

Das Prinzip des Minimalismus funktioniert auch in der digitalen Welt. Zu wissen, was dir im Umgang mit Smartphone & Co. guttut und was nicht, kann dir **viel kostbare Zeit schenken** und darüber hinaus noch eine positive Wirkung auf dein Wohlbefinden haben.

Worksheet
Deine digitalen Gewohnheiten

Arbeite für die folgenden Fragen mit dem **Bildschirmtracking-Tool** auf deinem Smartphone.

1. **Wie viele Stunden/Minuten** hast du täglich in den vergangenen sieben Tagen im Durchschnitt am Handy verbracht?

Schätzung: Realität:

2. Für welche Apps oder Dienste verwendest du am meisten Zeit?

3. Welche Apps, Dienste und Webseiten gehören zu den **größten Zeitfressern** in deinem Alltag?

4. Welche Apps und Funktionen sind eine **große Bereicherung** für deinen Alltag?

5. Wie kannst du deine **Zeit am Smartphone bewusster gestalten?** Welche Routinen könnten dir zu mehr digitaler Balance verhelfen (z.B. kein Handy bei den Mahlzeiten, ein smartphonefreies Schlafzimmer etc.)?

6. Denke dir mindestens drei realistische Routinen aus und probiere sie in den kommenden Tagen aus. Du wirst staunen, wie viel zusätzliche Zeit dir **mehr Achtsamkeit am Handy** schenken wird

Homescreen

09/2

Für einen bewussteren Umgang mit dem Smartphone gibt es einen kleinen Aufräumtipp mit großer Wirkung: **Gestalte deinen Homescreen übersichtlich.** Ein minimalistischer Smartphone-Screen sorgt für mehr Übersicht und weniger unkontrollierten Handykonsum.

Entsperre deinen Homescreen und lösche zuerst alle Apps und Anwendungen, die du schon lange nicht mehr genutzt hast, die große Zeitfresser sind und **auf die du künftig verzichten möchtest.**

Überlege im zweiten Schritt, welche **übergeordneten Kategorien** zu dir und deinem Leben passen. Mögliche Einteilungen sind beispielsweise Leben, Arbeiten, Kommunizieren, Entspannen, Spaß.

Lege dafür entsprechende **Ordner auf deinem Smartphone** an. Um einen Ordner anzulegen, tippe auf ein beliebiges App-Icon. Halte die App so lange gedrückt, bis die Icons anfangen zu wackeln bzw. du sie bewegen kannst. Ziehe nun die ausgewählte App auf ein anderes Icon und lasse sie wieder los. Auf diese Weise entsteht ein Ordner, in dem sich nun beide Icons befinden.

Der minimalistische Homescreen reduziert Ablenkungen und hilft dir dabei, dein Smartphone im Alltag bewusster und achtsamer zu nutzen.

Social Media

Die meisten von uns verbringen meist mehrere Stunden mit den vielen verschiedenen Sozialen Medien und merken gar nicht, worauf Design und Geschäftsmodell dieser Plattformen angelegt sind: Wir als Nutzer sollen möglichst oft und lange in den sozialen Netzwerken abtauchen, um **Daten zu teilen und Werbebotschaften zu konsumieren.**

Damit **Social Media wieder ein Ort der Inspiration und Freude** ist, entrümpelst du heute deine Feeds und verabschiedest dich von allem, was sich nicht gut anfühlt.

Nimm dir heute ein paar Minuten Zeit, wähle die Plattform, auf der du am aktivsten bist, und **scrolle ganz bewusst für ein paar Minuten durch deinen Feed.** Achte darauf, welche Gefühle die einzelnen Accounts, Gruppen und Profile bei dir auslösen.

Entfolge nun allen, die bei dir negative Gefühle wie Unzulänglichkeit, Neid, Frust, Ärger, Langeweile oder schlechte Laune auslösen. Sortiere dabei auch Profile aus, die dir deine kostbare Energie rauben und dich zu unüberlegten Käufen verleiten.

Wenn Social Media in deinem Alltag zu einem deiner größten Zeiträuber gehört, ist es eventuell eine Überlegung wert, **feste Zeitfenster dafür** zu bestimmen. In den Einstellungen deines Handys kannst du beispielsweise Zeitbeschränkungen für Apps festlegen. Probiere es aus. Du wirst staunen, wie viel mehr kostbare Zeit du plötzlich zur Verfügung hast.

E-Mails & Newsletter

09/4

Ein aufgeräumtes E-Mail-Postfach tut gut und vermittelt **das beruhigende Gefühl, alles im Griff zu haben.** Bringe heute dein digitales Postfach mit den folgenden Tipps in Ordnung:

- **E-Mails idealerweise nur einmal anfassen.** Mache es dir zur Gewohnheit, Mails nach Wichtigkeit zu sortieren, gleich zu bearbeiten und unwichtige E-Mails ungelesen zu löschen.
- **Weniger Ordner nutzen.** E-Mails lassen sich mithilfe der Suchfunktion schnell und zuverlässig finden, auch ohne unzählige Unterordner.
- **Newsletter abbestellen,** die du nicht mehr lesen möchtest.
- **Den Junk-Filter nutzen,** um unerwünschte Mails herauszufiltern.
- **Feste Zeiten bestimmen,** in denen du deine E-Mails liest und bearbeitest.
- **Zum Hörer greifen** und statt einer Antwort per E-Mail das Gegenüber lieber kurz anrufen. Das spart Zeit.
- **E-Mail-Accounts reduzieren** – in den meisten Fällen reicht eine private und eine berufliche E-Mail-Adresse vollkommen aus.

Eine durchdachte und konsequent umgesetzte E-Mail-Routine erspart dir Stress und **schenkt dir Zeit für wichtigere Dinge.**

Lege heute den Grundstein für ein geordnetes E-Mail-Postfach und setze die ersten Tipps in die Tat um. **Bleibe unbedingt am Ball,** bis du deine perfekte neue E-Mail-Routine gefunden hast.

Fotos

Wie viele Fotos befinden sich aktuell auf deinem Smartphone? Sehr viele, nehme ich an. Das geht mir nicht anders, zumal ich sehr gerne fotografiere und auch beruflich viel mit Fotomaterial zu tun habe.

Am letzten Tag dieser Challenge-Woche wirst du die Fotoalben auf deinem Handy einem **kleinen digitalen Frühjahrsputz** unterziehen.

Richte dir zu Beginn einen **Favoriten-Ordner für deine Lieblingsbilder** und evtl. auch weitere nach Themen sortierte Alben wie z.B. Familie, Urlaub, Weihnachten etc. ein.

Mache es dir nun gemütlich, um das **Fotomaterial auf deinem Smartphone Schritt für Schritt zu sichten.** Gehe dafür die Bilder der Reihe nach durch. Entscheide, welche Fotos du behalten möchtest und was gelöscht werden kann. Verschiebe Bilder, die bleiben sollen, in die entsprechenden Alben.

Wenn du sehr viele Bilder auf deinem Smartphone hast, kannst du diese Tagesaufgabe in kleine Schritte unterteilen und dir **in den nächsten Tagen immer wieder ein paar Minuten** nehmen, um zu diesem Challenge-To-do zurückzukehren.

Mittlerweile gibt es auch tolle Apps, die dir **beim Aufräumen der Foto-Flut behilflich sein können** (z.B. GetSorted, Cleanup). Ich selbst nutze diese Apps sehr gerne zum Bereinigen und Aufräumen meiner digitalen Alben.

Sichere deine Bilder regelmäßig auf einer externen Festplatte oder in der Cloud, um ärgerliche Bildverluste zu verhindern.

Was dich deinem Ziel wirklich näherbringt

Deep Dive

Ein Grund, warum hochgesteckte Ziele oft zum Scheitern verurteilt sind, ist die Tatsache, dass unser Gehirn kein Freund von großen Veränderungen ist. Aus lauter Angst vor Überforderung torpediert es unsere Vorsätze und Wünsche immer wieder mit allerlei Hürden, Hemmschwellen und nicht zuletzt mit der Aktivierung des inneren Schweinehunds. In Japan kennt man für dieses menschliche Problem **ein wunderbares Gegenmittel: KAIZEN.**

Die Methode, die ursprünglich als Managementkonzept entwickelt wurde, sorgt mit der Macht der kleinen Schritte für mehr nachhaltigen Erfolg und lässt sich auch im persönlichen Bereich sehr gut anwenden. Anstatt nach der perfekten Lösung zu streben, hilft KAIZEN dir dabei, große Ziele in winzig kleine Schritte zu unterteilen. **Dieses Konzept ist auch als die 1%-Methode bekannt.**

Während ambitionierte Vorhaben und Pläne uns oft entmutigen, **besiegt man mit vielen, winzig kleinen Veränderungen das Angstzentrum des Gehirns** und kommt so schneller in die Umsetzung. Manchmal reicht es für einen gelungenen Anfang vollkommen aus, sich erst mal nur zurechtzulegen, was man braucht, um loszulegen – man muss nicht sofort von 0 auf 100 starten.

Kleine kontinuierliche Veränderungen sind besser als große Neuerungen. Je kleiner die Anstrengung, desto realistischer ist es, einen positiven Wandel zu erreichen. Vertraue auf die Macht der kleinen Schritte, sie wird dir die Angst vor dem ersten Schritt und vor der bevorstehenden Veränderung nehmen. Aller Anfang ist aufregend, denn wer neu mit etwas beginnt, darf unbeholfen sein. Er darf Fehler machen, das Tempo bestimmen und auch mal unperfekt sein.

Mit der 1%-Methode kannst du **langfristig Gewohnheiten ändern** und mit minimalem Aufwand auch deinen großen Zielen täglich immer näherkommen. Schritt für Schritt.

Woche 10: Zeit haben

Vielleicht fragst du dich auch öfter mal, wo sie hin ist, deine kostbare Zeit. Ständig hast du das Gefühl, dass die Tage, Stunden und Minuten nur so verrinnen, und dein Alltag ist von einem permanenten Zeitmangel geprägt. In dieser Challenge-Woche erfährst du, warum keine Generation vor uns so jemals so viel Zeit zur Verfügung hatte wie wir, wieso sich das trotzdem meist nicht danach anfühlt und wie du mehr Zeit gewinnen statt verlieren kannst.

Das Zeitproblem genauer betrachtet

Wo ist sie nur hin, die Langsamkeit von früher? **Die Welt rast und wir versuchen, mit diesem hohen Tempo mitzuhalten.** Fakt ist aber: Keine andere Generation zuvor hatte so viel freie Zeit zur Verfügung wie wir. Die meisten Menschen arbeiten heutzutage weniger denn je und bekommen mehr Urlaub. Zusätzlich erleichtern eine Vielzahl von Dingen uns den Alltag, sodass mehr Zeit für anderes bleibt. Theoretisch zumindest.

Auch wenn wir oft das Gefühl haben, dass wir nie genug Zeit zur Verfügung haben, ist dies nur ein Trugschluss. **Nicht die Zeit ist knapper geworden, sondern wir packen immer mehr hinein.** Wenn man das Zeitproblem also genauer betrachtet, haben wir nicht zu wenig Zeit, sondern zu viel zu tun. Unser vollgepackter Alltag sorgt genau genommen dafür, dass die Zeit sich verdichtet und wir das Gefühl bekommen, unter ständigem Zeitmangel zu leiden.

Zu diesem Gefühl von andauernder Zeitknappheit kommt die Tatsache, dass wir im Alltag oft alles dafür tun, um Zeit zu sparen. Dadurch reduzieren wir all die **Zeitpuffer, die eigentlich so wichtig sind,** um die Zeit richtig wahrzunehmen: Kaffeepause, ein Gespräch, ein Spaziergang, Zeit für ein Hobby ... All das „kostet" Zeit – und ist so bedeutsam für unser Wohlbefinden.

In den kommenden Tagen helfen dir fünf tolle Challenge-Aufgaben dabei, deine Zeit nicht nur bewusster wahrzunehmen, sondern auch besser zu nutzen. **Warum du deine Zeit nicht managen, sondern lieber vergessen solltest,** erfährst du im Deep Dive am Ende dieses Kapitels.

Die Zeit bewusst wahrnehmen

Vielleicht kennst du es auch: Die Zeit kann schnell oder langsam vergehen. Während ein schöner Moment sich viel zu kurz anfühlt, scheint die Zeit in anderen Augenblicken beinahe stillzustehen. Eine halbe Stunde Wartezeit beim Arzt oder 5 Minuten an der Supermarktkasse können sich anfühlen wie eine kleine Ewigkeit; hingegen fliegen die langersehnten Urlaubstage nur so an einem vorbei. **Woran liegt es, dass wir manche Momente als schnell vergänglich und andere wiederum als so langatmig empfinden?**

Tatsache ist, die Uhren ticken immer gleich, unser Zeitempfinden unterliegt jedoch starken Schwankungen. Im Alltag sind wir oft sehr abgelenkt und nur noch **selten wirklich im Hier und Jetzt.** Dieser Dauerbeschäftigung begegnen wir mit unserem gut trainierten Autopiloten, der die Zeit nicht mehr bewusst wahrnimmt, bis wir dann abends todmüde ins Bett fallen. Um Zeit spürbar zu dehnen, ist es wichtig, den Fokus auf das zu legen, was uns im Alltag oft fehlt: mehr Achtsamkeit für den Moment zu entwickeln.

Weil Zeit das ist, was wir daraus machen, lade ich dich ein, den heutigen Tag dafür zu nutzen, **darauf zu achten, wohin deine Zeit gerade fließt** und wie bewusst du sie wahrnimmst. Dafür brauchst du im Moment nicht viel zu tun. Gehe einfach deinem Alltag nach und plane am Ende des Tages ein paar Minuten ein, in denen du dir Zeit für eine Reflexion deiner Erlebnisse mit Hilfe des nachfolgenden Worksheets nimmst.

Die Zeit bewusst wahrnehmen

Reflektiere am Ende des Tages in einer Rückschau, womit du deine Zeit heute verbracht hast, wie du sie empfunden hast und wie sich einzelne Momente angefühlt haben.

Was war heute der schönste Augenblick des Tages und wie hat er sich angefühlt?

Wann ist die Zeit heute sehr langsam vergangen?

In welchem Moment hättest du heute gerne die Zeit angehalten?

Gab es einen Augenblick, in dem du die Zeit gerne vorgespult hättest, und warum?

Wo hast du heute viel Zeit „verloren“?

Gab es einen Moment, in dem du im Hier und Jetzt warst? Wie hat sich das angefühlt?

Die NOT-to-do-Liste

To-do-Listen machen uns produktiver und helfen dabei, die Aufgaben, Pflichten und Termine des Alltags unter einen Hut zu bekommen. Weil wir in einer rastlosen Welt jedoch **immer mehr in unseren Alltag stopfen,** verdichtet sich die Zeit zunehmend und wir bekommen das Gefühl, unter ständigem Zeitmangel zu leiden.

Am zweiten Tag dieser Challenge-Woche möchte ich dir eine einfache Methode vorstellen, mit der es dir gelingt, Wichtiges von Unwichtigem zu trennen und deine Energie wieder auf das Wesentliche zu richten. Damit schaffst du nicht nur mehr Klarheit, sondern gewinnst auch **mehr Zeit und Raum für die wichtigen Dinge deines Lebens.**

Verfasse heute als Ergänzung zu deiner täglichen oder wöchentlichen To-do-Liste eine NOT-to-do-Liste. Frage dich: **„Welche Dinge kann ich heute/in dieser Woche weglassen, um mehr Zeit für die wirklich wichtigen Dinge zu haben?“** Diese Umkehr hilft dir dabei, deine Prioritäten neu zu definieren, mögliche Zeiträuber auszuschalten und den Fokus neu zu setzen.

Auf der nachfolgenden Seite kannst du aufschreiben, was du heute bzw. in den kommenden Tagen NICHT tun möchtest. **Lästige Gewohnheiten, die dir im Weg stehen,** sind hier genauso gut untergebracht, wie Aufgaben, die du verschieben, abgeben oder ganz streichen kannst.

Deine NOT-to-do-Liste

Die To-BE-Liste

Weil Listen auf ganz einfache Art und Weise **Ordnung in unser Leben bringen** können, möchte ich dir heute eine weitere Liste ans Herz legen, mit der es dir gelingen kann, deine Bedürfnisse achtsam wahrzunehmen.

Wir leben im Zeitalter der Ablenkung – tausend Dinge buhlen gleichzeitig um unsere Aufmerksamkeit und wir verzetteln uns oft zwischen immer länger werdenden To-do-Listen, äußeren Anforderungen und inneren Bedürfnissen. Die To-BE-Liste ist eine weitere **Ergänzung zur klassischen To-do-Liste.** Bei dieser kleinen Schreibübung geht es jedoch nicht darum, produktiv zu sein, sondern ganz allein darum, dein Wohlbefinden zu steigern.

Deine Bedürfnisse achtsam wahrzunehmen, indem du den Fokus nicht allein auf dein Tun und eine vollständig abgehakte Aufgabenliste legst, sondern auch deine Gefühlslage berücksichtigst, hilft dir dabei, diese möglichst positiv zu beeinflussen. Wenn du deinen Alltag allein auf der Grundlage von To-do-Listen managst, läufst du Gefahr, auch die schönen Dinge des Lebens lediglich als Punkte zu betrachten, die abgearbeitet werden und die es möglichst vollständig abzuhaken gilt. **Kostbare Momente zu zweit, Selbstfürsorge und persönliche Wohlfühlrituale verdienen es, dass du dir Zeit dafür nimmst.** Diese Augenblicke, in denen wir uns besonders lebendig und wohl fühlen, verdienen es, priorisiert zu werden.

Frage dich: **„Wie möchte ich mich heute fühlen und was kann ich dafür tun?“** Verfasse eine To-BE-Liste für die restliche Woche. Entscheide bewusst, wohin deine Zeit und Energie fließen sollen – setze den Fokus für deine Woche. Auf der nachfolgenden Seite kannst du deine To-BE-Liste für die kommenden Tage schreiben.

Deine TO-Be-Liste

Verfasse hier **deine persönliche To-BE-Liste für die nächsten Tage.** Frage dich:

Wie geht es mir gerade?

Wie möchte ich mich fühlen?

Was kann ich ganz konkret tun, um mich ____________ zu fühlen?

Finde den Fokus

Vielleicht hast du es auch schon festgestellt: Beim Thema Zeit kommt man nicht um Listen umhin. Sie machen nicht nur das Leben leichter, sondern haben auch eine beruhigende Wirkung und geben Sicherheit. Dies konnte sogar vor knapp 100 Jahren wissenschaftlich nachgewiesen werden und nennt sich **Zeigarnik-Effekt. Was aufgeschrieben wird, muss nicht mehr im Kopf hin und her bewegt werden,** und das tut gut.

Die wohl bekannteste aller Listen ist zweifelsfrei die To-do-Liste. Für mich gehört sie schon seit vielen Jahren fest zu meinem Alltag dazu und ohne sie fühle ich mich immer ein klein wenig verloren. Das Schöne an einer To-do-Liste: Sie ist Aufgabenplan und Erfolgskontrolle zugleich. **Die Dinge, die es zu tun gibt, zu organisieren und hinterher Erledigtes abzuhaken, fühlt sich großartig an.** Diese Tatsache hat sogar einen neurologischen Effekt, weil jedes Häkchen gleichzeitig das Belohnungszentrum in unserem Gehirn anregt.

Ein Problem an To-do-Listen: Wir neigen dazu, sie zu voll zu packen. Termine, Details für deinen Wocheneinkauf und viele kleine Einzelschritte lassen die Aufgabenliste schnell zu einem **chaotischen Sammelbecken für wild umherschwirrende Gedanken** werden.

Heute möchte ich dich einladen, **die 1-3-5-Regel beim Schreiben deiner To-do-Liste auszuprobieren.** Sie hilft dir dabei, Prioritäten für den Tag zu setzen und deine Aufgaben besser zu organisieren.

Auf der folgenden Seite kannst du die 1-3-5-Regel gleich einmal ausprobieren. Hier findest du Platz für deine heutige To-do-Liste und eine kurze Anleitung, wie du die **Methode zur Priorisierung richtig anwendest.**

Die 1-3-5-Regel

Verfasse eine To-do-Liste für den Tag und **schreibe alles auf, was dir gerade an Aufgaben durch den Kopf geht.** Sobald du damit fertig bist, kannst du die 1-3-5-Regel anwenden.

An erster Stelle deiner To-do-Liste (1) sollte die allerwichtigste Aufgabe für den Tag stehen. Wähle dafür die Aufgabe aus, die heute auf jeden Fall erledigt werden muss. Kennzeichne diese Aufgabe mit einer Farbe deiner Wahl.

Entscheide nun im nächsten Schritt, **welche drei weiteren Aufgaben heute wichtig sind (3).** Diese haben zweite Priorität und sollten ebenfalls erledigt werden. Markiere diese drei Aufgaben mit einer anderen Farbe.

Wähle zum Schluss **5 kleinere To-dos (5)** aus, sie sind die Kirsche auf der Torte. Diese kannst du erledigen, wenn deine Zeit es zulässt, musst du aber nicht zwangsläufig. Verwende eine dritte Farbe zum Kennzeichnen dieser fünf Aufgaben.

Erlaubnis zum Nichtstun

Wir leben in einer Gesellschaft, die das Nichtstun verlernt hat. Rund um die Uhr sind wir digital mit unserer Außenwelt verbunden, agieren, reagieren und saugen Inhalte auf wie ein nasser Schwamm. **Wir haben die Langeweile aus unserem Alltag verbannt, das Nichtstun verlernt** und durch den mittlerweile oft schon automatisierten Griff zum Handy ersetzt. Das Tor zur kunterbunten virtuellen Welt ist immer weit geöffnet, wir stehen fast durchgehend mit irgendjemandem in Kontakt, lassen uns unterhalten und informieren.

Leerlaufzeiten ohne Berieselung sind für viele von uns dementsprechend auch nur noch schwer auszuhalten. Doch die in den letzten Jahren gewonnene Erkenntnis ist nicht zu leugnen: **Ständige Erreichbarkeit erhöht den Stresspegel,** vermindert unsere Fähigkeit, uns länger zu konzentrieren, und macht uns sogar anfälliger für Krankheiten.

Um unsere Lebenszeit bewusster und achtsamer zu gestalten, ist es wichtig, das Nichtstun wieder zu lernen. **Die Gedanken ab und zu schweifen und die Seele baumeln zu lassen,** fegt die Spinnweben aus dem Kopf, verleiht uns neue Kraft und fördert das Wohlbefinden.

Entdecke heute die Muße als kraftvolles Lebensprinzip, das dir dabei hilft, Eindrücke zu verarbeiten, neue Energie zu tanken und einem Alltag mit mehr innerer Ruhe zu begegnen. Bleib unbedingt dran, auch wenn sich der Leerlauf im Kopf am Anfang noch komisch anfühlt. Erlaube dir heute (und vielleicht auch in den nächsten Tagen) kleine Momente, in denen es nichts zu tun gibt.

Warum du deine Zeit nicht managen, sondern lieber vergessen solltest

Du kennst es: Je straffer du versuchst, deine Zeit zu organisieren, desto weniger scheint dies wirklich zu gelingen. Die Zeit rast an uns vorbei und wir versuchen, mit ihr mitzuhalten. Meist stellen wir dann aber irgendwann fest, dass **der Versuch, unsere Zeit unter Kontrolle zu kriegen, nur noch mehr dafür sorgt, dass wir das ständige Gefühl von Zeitmangel spüren.**

Von Geburt an haben wir ein System der Zeit mitbekommen. In der Nacht schlafen wir, am Tag sind wir aktiv. Die Uhr hat diese Phasen irgendwann messbar gemacht und seitdem versuchen wir, das Meiste aus unserer Zeit herauszuholen. Um zu verhindern, dass die Zeit sinnlos vergeht, stopfen wir immer mehr und noch mehr hinein. Und genau hier liegt das Problem, denn **eigentlich vergeht nicht die Zeit, sondern wir vergehen,** wie der Philosoph André Glucksmann es einmal schön und treffend zugleich formulierte.

Du bist deine Zeit.

Je mehr wir also versuchen, unsere Lebenszeit zu verplanen, desto mehr fühlen wir uns getrieben und verpassen den eigentlichen Moment. **Am schönsten ist die Zeit nämlich, wenn wir feststellen, dass wir sie ganz vergessen haben, oder?**

Ein vollgepackter Alltag sorgt nur dafür, dass deine Zeit sich verdichtet und du das Gefühl bekommst, keine Zeit zu haben. **Um wieder das Gefühl von Zeit-Reichtum zu haben, ist es wichtig, aus dem Fast-Forward-Modus auszusteigen.** Zeit kann man nur in der Gegenwart leben. Man kann sie nicht sparen oder mehr davon gewinnen – und man kann sie auch nicht verlieren.

Statt also nach Möglichkeiten zu suchen, wie du deine Zeit managen kannst, solltest du lieber **Dinge finden, bei denen du die Zeit vergisst.** Finde etwas, bei dem du nicht auf die Uhr, sondern stattdessen auf dich selbst schaust.

Dies sind die wirklich kostbaren Momente, in denen sich das Gefühl einstellt, **„alle Zeit der Welt zu haben“.** Nimm dir ein Beispiel an Kindern: Sie vergessen permanent die Zeit und sind Meister darin, ganz im Moment zu leben. Was kannst du heute tun, um **die Zeit für einen Augenblick zu vergessen?**

Woche 11: Denken

Auf dem Weg zu einem Leben, in dem weniger wieder mehr ist, kommen wir von der äußeren zur inneren Ordnung. Etwa 60.000 Gedanken gehen uns täglich durch den Kopf, und nicht alle davon tun gut. Verpasse deinem Mindset mit fünf inspirierenden Challenge-Aufgaben ein kleines Update und komme der besten Version von dir selbst damit immer näher.

Der Schlüssel zu einem glücklichen Leben

Hast du auch manchmal das Gefühl, dass dein Kopf so voll ist, dass du gar nicht weißt, wo du anfangen sollst? Ein Durcheinander aus Aufgaben, Terminen, Ideen, Wünschen, Träumen und Sorgen türmt sich darin, während du dich danach sehnst, dass **endlich Ruhe in deinen Gedanken** einkehrt und du wieder klarer siehst.

Wenn dir auch manchmal alles über den Kopf wächst und der Alltag mal wieder viel zu viel ist, kann es sehr hilfreich sein, auch **die innere Datenautobahn zu entrümpeln und neu zu ordnen.** Wie in unseren Schränken und Schubladen sammelt sich auch hier gerne mal Ballast und oller Gedankenstaub in Form von Glaubenssätzen, kilometerlangen To-do-Listen oder Grübelspiralen an.

Während wir einen Schrank mit einigen wenigen Handgriffen aufräumen können, ist das Ordnen und Sortieren im Innen **ein Prozess, der durchaus etwas Zeit benötigt.** In der kommenden Woche warten fünf inspirierende Tagesaufgaben auf dich, die dir dabei helfen, auch deine Gedankenwelt von allem zu befreien, das schwer, überflüssig und blockierend ist.

Tag für Tag wirst du deinem Ziel von innerer Klarheit näherkommen, den Kopf langsam frei bekommen und so **immer häufiger das wohltuende Gefühl von innerer Ruhe spüren.** Das alles ist möglich, wenn du dich jetzt auf den Weg machst und nach dem Entrümpeln deiner materiellen Welt den Blick nach innen richtest.

Im Deep Dive am Ende der 11. Challenge-Woche erfährst du, warum du eine **Liste der 100 Träume** brauchst und wie diese dir dabei helfen kann, herauszufinden, wofür es sich wirklich lohnt, sich Zeit zu nehmen.

Mindset-Check

Die Mindset-Theorie basiert darauf, dass Erfolge und Misserfolge im Leben überwiegend davon beeinflusst werden, wie unsere innere Haltung ist und was wir über uns denken. **Das Grundgerüst für die Überzeugungen, mit denen wir durchs Leben gehen, bilden unsere inneren Glaubenssätze.** Aus ihnen formt sich unsere Einstellung zum Leben, die uns alles, was wir denken, wie durch einen Filter betrachten lässt: positiv oder negativ.

Was wir von uns selbst halten, welche Entscheidungen wir treffen oder wie wir alltäglichen oder besonderen Situationen begegnen – das Bild, das wir von uns und von der Welt haben, entscheidet darüber, **wie gut uns unser Leben gelingt.** Auch wenn wir nicht auf alles in unserem Leben einen direkten Einfluss haben, haben wir es sehr wohl in der Hand, wie wir auf die Dinge, die geschehen, reagieren. Wir entscheiden, wie wir mit etwas umgehen.

Für die heutige Challenge-Aufgabe lade ich dich dazu ein, deine innere Haltung, dein Mindset, einmal genauer unter die Lupe zu nehmen. Mache dir bewusst, **mit welcher Einstellung du den kleinen oder großen Herausforderungen des Lebens begegnest,** indem du dich und deine Gedanken aufmerksam beobachtest. Sich die inneren Glaubenssätze bewusst zu machen, schafft Bewusstheit und gibt dir die Möglichkeit, Situationen neu zu interpretieren und deinem Mindset gleichzeitig ein Update zu verpassen.

Auf den nachfolgenden Seiten findest du ein **Worksheet für deinen Mindset-Check.** Für diese Übung brauchst du am Ende des Tages ein paar Minuten nur für dich.

Worksheet
Dein Mindset

Lasse den heutigen Tag vor deinem inneren Auge Revue passieren. **Finde drei Situationen, in denen etwas nicht so gelaufen ist, wie du es dir gewünscht hättest.** Überprüfe anhand der folgenden Fragen dein Mindset und halte deine Erkenntnisse schriftlich fest.

Situation 1:

Was ist passiert?

Beispiel: Ich bin zu spät zur Verabredung mit meiner Freundin gekommen.

Was hast du in diesem Moment über die Situation oder über dich gedacht?

Beispiel: Ich bin so unzuverlässig. Auf mich kann man sich nicht verlassen.

Wie kannst du diese Situation auf der Grundlage eines positiven Mindsets neu interpretieren?

Beispiel: So etwas kann jedem passieren und ändert nichts daran, dass ich eine zuverlässige Freundin bin, die in 99 % der Fälle pünktlich ist.

Worksheet
Dein Mindset

Situation2:
Was ist passiert?

Was hast du in diesem Moment über die Situation oder über dich gedacht?

Wie kannst du diese Situation auf der Grundlage eines positiven Mindsets neu interpretieren?

Worksheet
Dein Mindset

Situation 3:
Was ist passiert?

Was hast du in diesem Moment über die Situation oder über dich gedacht?

Wie kannst du diese Situation auf der Grundlage eines positiven Mindsets neu interpretieren?

Braindumping

11/2

Wie man Ordnung in einem Raum schafft, weiß jedes Kind, wie aber räumt man Kopf und Gedanken auf? Wenn dein Kopf sich auch manchmal anfühlt wie ein verheddertes Wollknäuel und du vor lauter Gedankenkreisen gar nicht zur Ruhe kommst, möchte ich dir eine Methode vorstellen, mit der ganz leicht **wieder Ruhe in deinem Kopf einkehrt.**

Braindumping ist eine Anti-Stress-Technik und für mich eines der wirksamsten Tools, um den Kopf zu entrümpeln und in kurzer Zeit für mentale Entlastung zu sorgen. Bei dieser Methode wird alles aufgeschrieben, was einem gerade so in den Sinn kommt: To-dos, berufliche Verpflichtungen, Termine, Sorgen, Pläne, Gefühle und Gedanken. Auch wenn sich daraus Aufgaben ableiten lassen, ist das vorrangige Ziel des Braindumping nicht unbedingt, alle möglichen Lösungen für Probleme zu finden. Vielmehr geht es darum, den inneren Gedanken-Papierkorb zu leeren, um so Wichtiges vom Unwichtigen zu unterscheiden und den Fokus für den Tag zu setzen.

Probiere die Methode heute einmal aus und **bringe in 5 Minuten alles zu Papier, was dir durch den Kopf geht.** Ein passendes Worksheet dazu findest du auf der nachfolgenden Seite.

Wenn dir die heutige Übung guttut, kannst du diese Methode gerne in deinem Alltag als **tägliches Morgen-Ritual für einen guten und befreiten Start in den Tag** oder in die neue Woche nutzen.

Worksheet
Braindumping

Schreibe in 5 Minuten stichpunktartig alles auf, was dir durch den Kopf geht, und sortiere es Kategorien zu: Privates, Berufliches, Ängste und Sorgen, Ideen, etc.

Nun ist aus dem Gedankenknäuel eine übersichtliche Aufstellung geworden, die verrät, **welcher Bereich dich gerade am meisten beschäftigt.**

Kennzeichne, was wichtig und dringend ist, und übertrage dies auf deine To-do-Liste. Streiche alles Unwichtige von der Liste und delegiere bzw. verschiebe den Rest.

Bucketlist

11/3

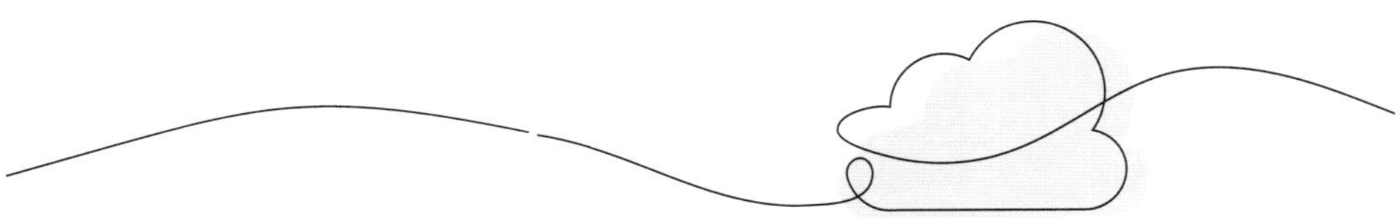

Um sicherzugehen, dass du das Leben lebst, nach dem du dich sehnst, ist es wichtig, erst einmal **die Richtung für deinen Weg zu bestimmen.** Falls du deinen inneren Kompass aus dem Blick verloren hast, hilft dir eine Bucketlist dabei, diesen wiederzufinden.

Eine Bucketlist ist eine To-do-Liste für kleine und große Lebensträume. Sie schafft Klarheit und erhöht zudem die Wahrscheinlichkeit, dass Dinge Wirklichkeit werden.

Nimm dir heute ein paar Minuten Zeit, um **deine ganz persönliche Bucketlist für dieses Jahr** zu schreiben.

Frage dich dafür:

- **Was möchte ich erlebt haben, wenn ich am Ende dieses Jahres zurückblicke?**
- **Welche Gefühle möchte ich gespürt und welche Erinnerungen geschaffen haben?**
- **Was bringt mein Herz zum Hüpfen, was macht mich glücklich?**

Auf der nachfolgenden Seite findest du ein Worksheet für deine Bucketlist. Alternativ kannst du deine Träume auch gerne **als Bild zeichnen, in Form einer Collage gestalten oder dir ein Pinterest-Board dafür anlegen** – egal wie und wo, wichtig ist, dass du sie irgendwo festhältst und visualisierst.

Worksheet
Deine Bucketlist

Der innere Film

11/4

Dies ist **mein absolutes Lieblingstool, wenn es darum geht, aus Wünschen und Träumen konkrete Ziele zu machen.** Die Übung „Innerer Film“ kommt aus der Sportpsychologie und aus eigener Erfahrung weiß ich, wie kraftvoll sie sein kann.

Unser Gehirn liebt Bilder und kann nur schwer zwischen Realität und Fantasie unterscheiden. **Stellst du dir in Gedanken eine Situation lebhaft vor, nimmt deine Vorstellung dies als gegeben hin und wird versuchen, dich bei dem Erreichen des Ziels, das darin enthalten ist, zu unterstützen.** Diese Tatsache nutzen Profisportler für sich, indem sie einen bevorstehenden Wettkampf vor ihrem inneren Auge visualisieren und in Gedanken bereits gewinnen. Ganz besonders kraftvoll ist es, sein Ziel in bewegten Bildern zu visualisieren, d.h. einen inneren Film davon zu drehen und diesen regelmäßig vor dem inneren Auge abzuspielen.

Probiere diese Methode heute einmal aus, indem du die Augen schließt, dich mit einem deiner Ziele verbindest und in Gedanken **erlebst, wie es sein wird, es zu erreichen.** Lasse deinen Gedanken freien Lauf, beschäftige alle deine Sinne und erlebe vor deinem inneren Auge, wie gut sich das anfühlt.

Wenn dir diese Übung guttut, wiederhole sie regelmäßig und **freue dich jetzt schon darauf, dass dein innerer Film schon bald Realität wird.**

Auf der nachfolgenden Seite kannst du schriftlich festhalten, was du in deinem inneren Film gesehen hast. Dies hilft dir dabei, **die Wirkung dieses Tools noch zu verstärken.**

Worksheet
Dein innerer Film

Halte fest, was du in deinem inneren Film gesehen hast. **Versuche, alles darin so genau wie möglich zu beschreiben,** und lasse dieses Erlebnis zum Fest für deine Sinne werden. Beschreibe, was du siehst, fühlst, riechst, schmeckst und hörst.

Dear Future Me

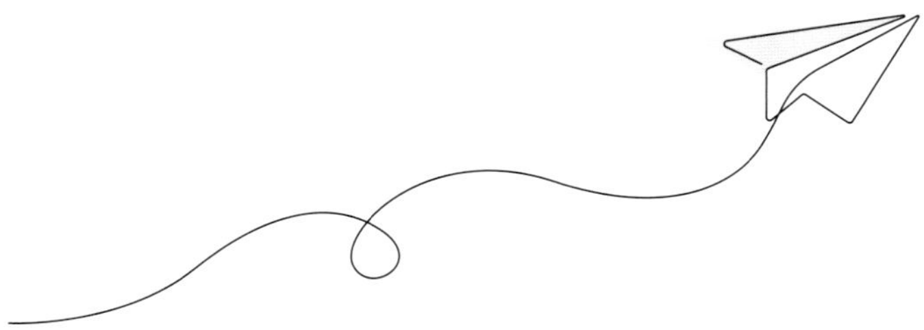

Zum Abschluss der 11. Challenge-Woche, in der wir uns intensiv mit dem Mindset und unseren Gedanken beschäftigt haben, lade ich dich ein, **deine Träume nochmals in die Hand zu nehmen und einen Brief an dein zukünftiges Ich zu schreiben.**

Diese Schreibübung wende ich schon seit vielen Jahren an und bin nach wie vor absolut begeistert davon, welche **tiefgründigen Erfahrungen und Erkenntnisse** sie mich (und andere) immer wieder gewinnen lässt.

Auch wenn der Brief in die Zukunft vielleicht nach einer wundersamen Nebensächlichkeit klingt, ist er in Wahrheit eine sehr kraftvolle Übung, die auch dein Leben sehr bereichern kann. Zu lesen, **wovon dein vergangenes Ich vor einem Jahr geträumt, worauf es gehofft und was es gefühlt hat,** ist immer wieder wunderschön, zumal man anhand dessen darauf zurückblicken kann, wie das vergangene Jahr tatsächlich gelaufen ist.

Schreibe also heute einen Brief an dein zukünftiges Ich. Am einfachsten geht dies in Form einer **E-Mail an dich selbst.** Auf Plattformen wie brief-in-die-zukunft.de oder futureme.org kannst du eine E-Mail an dich selbst verfassen und frei entscheiden, wann sie dir zugestellt werden soll. Nutze alternativ die nächste Seite dafür.

Formuliere die Wünsche, Träume und Hoffnungen für dein künftiges Ich. Welche Veränderungen wünscht du dir? Welche Sehnsüchte sollen in Erfüllung gehen, wie kann es dir gelingen, gut für dich zu sorgen?

Worksheet
Dear Future Me

Warum du unbedingt eine Liste der 100 Träume brauchst

Deep Dive

Wie steht es gerade um deine Träume? Um all die Dinge, von denen **du dir schon lange erträumst, sie irgendwann in die Tat umzusetzen?** Hast du einige bereits verwirklicht oder findest du eigentlich nie den richtigen Moment dafür?

Eine sehr einfache und tiefgehende Möglichkeit, die dir dabei helfen kann, deine Träume nicht aus dem Blick zu verlieren, ist die Liste der 100 Träume. Die Idee kommt aus dem Business-Coaching und **sie ist so einfach, dass du sie jetzt auf der Stelle umsetzen kannst.** Alles, was du brauchst, sind ein paar Minuten für dich, ein Stift und ein Blatt Papier.

Schreibe 100 Dinge auf, die du unbedingt erleben, erfahren oder haben möchtest. Das kann alles sein: Hawaii besuchen, in einem Gospel-Chor mitsingen, einen Baum pflanzen, das Traumkleid ausführen – egal was: Limitiere dich nicht und schreibe alles auf, wovon du träumst.

Das Großartige an dieser Übung ist, dass sie dich wieder in Verbindung mit einigen deiner längst vergessenen Träume und Sehnsüchte bringt und **dich kreativ werden lässt.** Richtig spannend wird es nämlich ab dem Punkt, an dem dir nichts mehr einfällt – oft ist das ab Nummer 25.

Die Liste ist keine To-do-Liste, sondern vielmehr ein kleines Ideen-Feuerwerk und eine gute Erinnerung dafür, wofür du einen Teil deiner Zeit einsetzen könntest. Im Grunde genommen geht es darum, **bewusster mit deiner Lebenszeit umzugehen und die Dinge zu finden, wofür es sich lohnt dir Zeit zu nehmen.** Du wirst feststellen, manches lässt sich einfacher und in kürzerer Zeit umsetzen, als du glaubst.

Woche 12: Fühlen

Eine aufgeräumte Umgebung hat einen großen Einfluss auf unser Bedürfnis nach Harmonie und Wohlbefinden. Ordnung tut der Seele gut, denn die äußeren Umstände spiegeln sich immer auch in unserem Inneren wider. Im letzten Teil der Aufräum-Challenge lade ich dich ein, im Herzen aufzuräumen und all das loszulassen, was dich nicht glücklich macht.

Den Staub vom Herzen fegen

Im Zen-Buddhismus spielen die innere und äußere Ordnung eine sehr große Rolle. Junge Mönche, die sich in der Ausbildung befinden, haben im Zen-Kloster eine sehr wichtige Aufgabe: **Jeden Tag fegen sie den Tempel von oben bis unten,** sitzen sie stundenlang auf Knien, wischen die Böden und bringen alles auf Hochglanz.

Was für dich vielleicht nur nach einer lästigen Pflicht klingt, ist für die jungen Mönche so viel mehr. Aufräumen und Putzen wird im Zen-Buddhismus als spirituelle Angelegenheit betrachtet. **Wer bereit ist, auf Knien die Böden zu schrubben, reinigt mit seinem Tun gleichzeitig auch Geist und Seele** und erfährt so das Glück der wahren inneren Ruhe. Ein junger Mönch, der hingebungsvoll den Boden wischt, fegt also gleichzeitig auch all den Staub und Schmutz von seiner Seele und bringt sein Herz damit zum Glänzen.

Aus dieser Perspektive betrachtet erscheint es also einleuchtend, warum Putzen und Aufräumen nicht nur Platz in deinem Zuhause schafft, sondern auch gleichzeitig **für mehr Leichtigkeit, Klarheit und Freiheit in deinem Herzen sorgen kann.**

Deine Umgebung aufzuräumen, sie zu entrümpeln und neu zu ordnen, tut auch der Seele gut. Wenn du dich also auf den Weg machen willst in ein leichtes, erfülltes Leben, ist **das Loslassen von allem Überflüssigen und Unnötigen der erste und wichtigste Schritt.**

Mit diesem letzten Kapitel der ZEIT STATT ZEUG Aufräum-Challenge sind wir nun mitten **im Zentrum des Lebens angekommen: in deinem Herzen.** Nutze die kommenden Tage, um deine Gefühlswelt neu zu ordnen und auch hier für mehr Ordnung, Klarheit und Leichtigkeit zu sorgen.

Im Herzen aufräumen

12/1

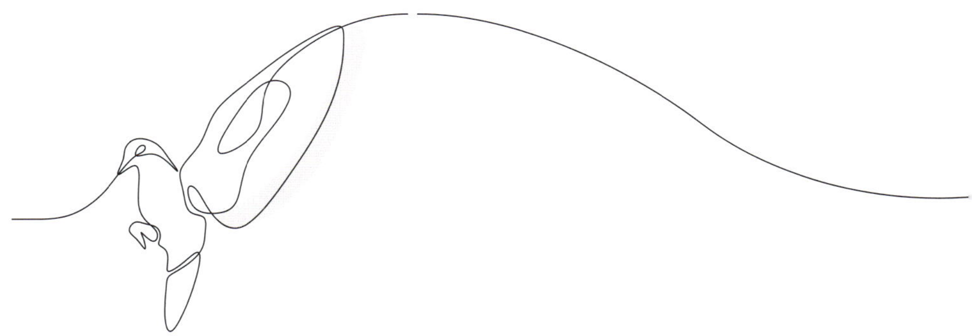

Vielleicht hast du im Lauf der letzten Wochen die Erfahrung machen können, dass es beim Ausmisten und Aufräumen nicht nur um ein ordentliches Heim geht. Auf dem Weg in ein Leben mit mehr Zeit statt Zeug kommt man unweigerlich an den Punkt, an dem man deutlich spürt, dass Loslassen vor allem ein innerer Prozess ist. Nur wem es gelingt, **Wichtiges von Unwichtigem zu unterscheiden,** findet Klarheit, Freude und das wohltuende Gefühl innerer Ruhe.

Mache heute den ersten Schritt, um auch im Herzen für mehr Ordnung zu sorgen, indem du **loslässt, was dich nicht glücklich macht.**

Gibt es in deinem Herzen etwas, das du gerne in Ordnung bringen möchtest? Ein Streit mit einem nahestehenden Menschen, Zweifel oder Grübeleien oder ein Erlebnis, das dich traurig, hilflos oder wütend macht?

Überlege, was du tun könntest, um eine Sache wieder in Ordnung zu bringen, und **mache heute den ersten Schritt dafür.** Sag Entschuldigung, schreibe einen Brief, melde dich bei einem Menschen, der lange nichts von dir gehört hat, oder beginne ein Dankbarkeitstagebuch, um dich aus trüben Gedanken zu befreien.

Mache es dir zur Gewohnheit, neben dem Aufräumen im Außen **auch gelegentlich einen Check-In mit deinem Inneren** zu machen. Vergiss nicht, auch hier für etwas mehr befreiende Ordnung zu sorgen.

Dankbarkeit

Wann hast du dich zum letzten Mal **so richtig dankbar** gefühlt? Vielleicht war es, als dir jemand im richtigen Moment Hilfe angeboten hat? Oder erst heute früh, als du einen Moment der Ruhe beim Frühstück genossen hast?

Obwohl wir mittlerweile alle **wissen, dass Dankbarkeit eine wichtige Voraussetzung für Glück und Zufriedenheit ist,** neigen wir im Alltag dennoch dazu, den Blick auf all das zu richten, wovon es gerade zu wenig gibt in unserem Leben.

Auf dem Weg in ein erfülltes Leben ist Dankbarkeit einer der bedeutsamsten Schlüssel zum Glück. Dies konnte mittlerweile schon von einer Vielzahl von bemerkenswerten Studien nachgewiesen werden. Menschen, Augenblicke und Dinge nicht für selbstverständlich zu halten, sondern mit einem Gefühl von Dankbarkeit wertzuschätzen, wärmt das Herz und sorgt nicht nur dafür, dass wir uns glücklich und zufrieden fühlen, sondern es stärkt auch unsere Gesundheit.

Nimm dir heute einen Moment, um für all das Gute in deinem Leben Danke zu sagen. **Dir bewusst zu machen, was alles schon da ist,** lässt dein Gehirn zur Ruhe kommen und deine Seele aufatmen. Auf der folgenden Seite findest du dafür eine Dankbarkeitsliste zum Ausfüllen.

Wenn dir die Übung guttut, kannst du sie, so oft du willst oder auch täglich, wiederholen. Vielleicht hast du Lust, dir **ein eigenes Dankbarkeitstagebuch anzulegen?**

Dankbarkeit ist ein Geschenk und die größte Liebeserklärung, die du dem Leben machen kannst. Probiere es unbedingt aus.

Worksheet
Deine Dankbarkeitsliste

Wofür bist du dankbar? Was schätzt du gerade in deinem Leben? Welche Menschen möchtest du nicht mehr missen? **Wo liegt das Geschenk** in den Dingen, die momentan nicht so gut laufen? Schreibe auf, wofür du gerade sehr dankbar bist, und genieße das warme Gefühl, das sich beim Verfassen deiner Liste in dir ausbreitet.

Achtsamkeit

128

Um unseren vielbeschäftigten Alltag gut zu meistern und sich nicht von all dem Zuviel im Außen mitreißen zu lassen, ist es wichtig, das Leben aufmerksam und voller Achtsamkeit für den Moment zu erleben. Einen fürsorgenden Blick auf dich selbst zu haben, ist der Atem für deine Seele. Dabei ist jedoch wichtig zu verstehen, dass Achtsamkeit nichts ist, was man TUT – es ist vielmehr eine **Haltung zum Leben und zu dir selbst.**

Ein kleiner Trick kann dir dabei helfen, achtsamer zu sein und dir regelmäßig kurze Momente der Ruhe zu gönnen, ganz egal wie turbulent dein Tag auch sein mag.

Definiere für heute **ein alltägliches Geräusch als deinen persönlichen Achtsamkeits-Reminder** (z.B. der Klingelton einer eingehenden Nachricht). Mache es dir für die nächsten Stunden zu deiner Gewohnheit, kurz innezuhalten, sobald dieses Geräusch in deinem Alltag erklingt. Nimm ein paar tiefe Atemzüge und entspanne dich. Wenn gerade Zeit ist, kannst du dich kurz fragen, wie es dir in diesem Moment geht. Bist du präsent im Hier und Jetzt? Brauchst du gerade etwas, um wieder mehr bei dir zu sein?

Regelmäßig angewendet hilft dir dieser kleine, aber sehr wirksame Trick dabei, **aus dem Hamsterrad des Alltags auszusteigen** und das Leben mit mehr Ruhe und Gelassenheit zu genießen. Nutze diese simple Übung vor allem dann, wenn du dich überfordert und gestresst fühlst.

Lieblingsgefühl

12/4

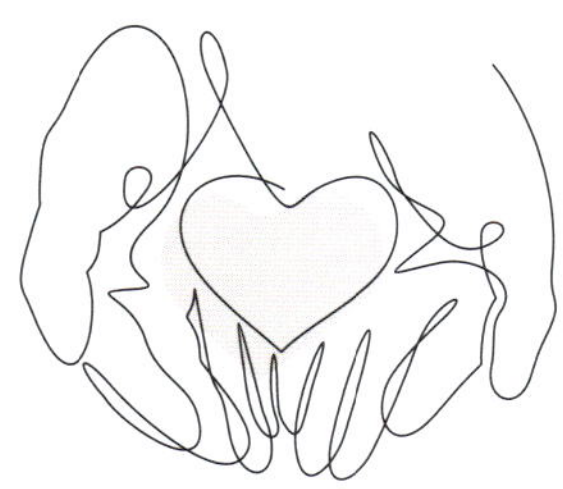

Gefühle beeinflussen unsere Stimmungslage und haben **direkte Auswirkung darauf, wie wir die Welt um uns herum wahrnehmen.** Während Stress, Angst und Traurigkeit uns eher antriebslos machen, holen Freude, Glück und Ausgeglichenheit das Beste aus uns heraus, machen uns kreativ und schenken uns jede Menge Kraft und Energie.

In der heutigen Tagesaufgabe möchte ich dich dazu einladen, einmal auszuprobieren, **wie einfach es sein kann, deine Gefühlswelt positiv zu beeinflussen.** Diese Übung ist sehr simpel und gleichzeitig wahnsinnig kraftvoll. Probiere sie also am besten gleich aus.

Nimm dir ein paar Minuten, in denen du möglichst ungestört sein kannst. Gehe für einen kurzen Moment in dich und frage dich, welches Gefühl dein Lieblingsgefühl ist. **Welche Emotion fühlst du am allerliebsten,** weil sie dir Kraft gibt, den Tag so viel besser macht und ein wohlig warmes Gefühl in deinem Bauch verursacht?

Falls dir nicht gleich etwas einfällt, kannst du kurz deine Augen schließen und dich an einige der schönsten Momente in deinem Leben erinnern. Welches Gefühl hast du damals gehabt? Wenn es dir wie mir geht, gibt es **mehrere Gefühle, die du zu fühlen liebst.** Vielleicht ist es Freude oder Leichtigkeit, möglicherweise innere Ruhe oder Zufriedenheit. Oder etwas ganz anderes.

Für heute möchte ich dich dazu inspirieren, in deinem Lieblingsgefühl zu schwelgen. Nutze dafür die folgenden Seiten.

Worksheet
Dein Lieblingsgefühl

Welches Gefühl ist dein persönliches Lieblingsgefühl?

Wann hast du es zum letzten Mal sehr deutlich gespürt?

Was macht es mit dir, dieses Gefühl zu spüren?

Worksheet
Dein Lieblingsgefühl

Bei welcher Tätigkeit bzw. in welcher Situation begegnet dir dein Lieblingsgefühl häufig?

Was kannst du heute ganz konkret dafür tun, um dein Lieblingsgefühl zu spüren?

Schreibe am Ende des Tages auf, wie es dir mit dieser Übung ergangen ist.

Du als Priorität

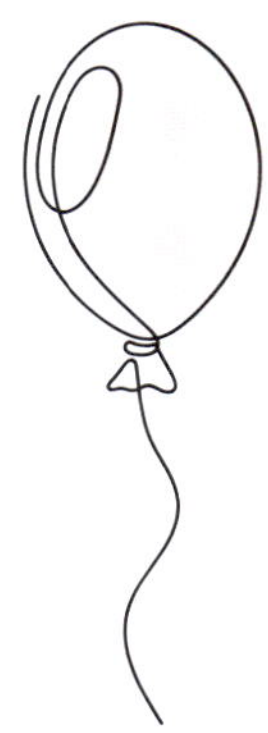

Bei dem Bedürfnis nach Ordnung geht es um nichts weniger als um das persönliche Glück. **Wir wünschen uns ein Leben voller Leichtigkeit und Freude** und das gute Gefühl, mehr Zeit für die richtigen und wichtigen Dinge des Lebens zu haben.

Am letzten Tag der ZEIT STATT ZEUG Aufräum-Challenge möchte ich dich daran erinnern, gut zu dir zu sein und dich – besonders heute, aber auch an allen anderen Tagen – zu deiner persönlichen Priorität zu machen. **Selbstfürsorge ist in unserer schnellen Welt wichtiger denn je,** denn nur wer weiß, was er selbst braucht und was ihn nährt, kann sich liebevoll und voller Energie auch um andere kümmern.

Das Aufschreiben von Wünschen, Plänen und Zielen verdreifacht laut einer Harvard-Studie die Wahrscheinlichkeit, sie auch in die Realität umzusetzen. Nutze diese Tatsache für dich und **vereinbare für die nächsten Tage Dates mit dir selbst.** Trage diese als feste Termine in deinen Kalender ein. Wenn Yoga, Lesen, Pausen und Co. genauso in den Tag eingeplant werden wie Termine und Verabredungen, klappt es im Alltag besser, sich Zeit dafür zu nehmen.

Auf der folgenden Seite kannst du **alles sammeln und aufschreiben, was dir im Alltag guttut.** Suche dir davon einige Dinge heraus und verabrede dich in den kommenden Tagen regelmäßig mit dir selbst.

Worksheet
Dates mit dir selbst

Ordnung für die Seele, Klarheit für den Geist

Aufräumen und Entrümpeln ist immer ein Schritt zu mehr Klarheit und Leichtigkeit. Egal, ob du eine Schublade aufräumst oder dein Innenleben sortierst, **die Themen, um die es dabei geht, sind dieselben:**

- **Hinterfragen**
- **Entscheidungen treffen**
- **Loslassen**

Das funktioniert bei einem angestaubten Buch genauso wie **bei negativen Gedanken, Glaubenssätzen und Gefühlen.**

Beim Ausmisten geht es also schnell weg vom reinen Ordnung machen und hin dazu, **Unerledigtes anzupacken und Altes loszulassen.** Bewusst zu entscheiden, was in deinem Zuhause einen Platz bekommt und was nicht, ändert nicht nur, wie du dich in deinen vier Wänden fühlst, sondern befreit gleichzeitig auch deine Seele. Eine geordnete Umgebung ist Harmonie und Wohlbefinden. Wenn wir uns mit schönen und nützlichen Dingen umgeben und lernen, auf Unnötiges zu verzichten, bekommen wir wieder einen klaren, unverstellten Blick auf das Wesentliche.

Deine Umgebung aufzuräumen, sie zu entrümpeln und neu zu ordnen, tut auch deiner Seele gut, denn Ordnung im Außen wirkt sich immer auch auf die Ordnung im Innen aus. Wenn du dich also auf den Weg machen willst in ein leichtes, erfülltes Leben, **ist Loslassen von allem Überflüssigen der erste und wichtigste Schritt.**

Schön, dass du dich auf den Weg gemacht hast!

Geschafft!

Herzlichen Glückwunsch! Du hast die ZEIT STATT ZEUG Aufräum-Challenge geschafft und das ist ein guter Grund, **stolz auf dich zu sein** und dich zu feiern! Ich hoffe, du verspürst ein tiefes Gefühl von äußerer und innerer Ordnung, Ruhe und Zufriedenheit.

Blättere noch einmal in aller Ruhe durch das Workbook und lies dir deine Notizen und Erkenntnisse durch. Wenn du möchtest, kannst du auch eine Runde durch dein Zuhause drehen und dir ganz bewusst vor Augen halten, **was du in den letzten Tagen und Wochen geschafft hast.**

Wie fühlt sich dein Zuhause jetzt für dich an? Welche Räume und Bereiche magst du ganz besonders? Auf welchen Erfolg aus der Challenge bist du am allermeisten stolz? Welche Lebensbereiche benötigen noch verstärkt deine Aufmerksamkeit?

Fülle zum Abschluss den **Circle of Happiness** noch einmal aus und vergleiche die Ergebnisse mit deinen ersten Eintragungen auf Seite 23: Was hat sich verändert? In welchen Bereichen hast du mehr Zufriedenheit gewonnen? Wo wünschst du dir noch mehr ZEIT statt ZEUG in deinem Leben?

Genieße heute die neue Ordnung, Ruhe und Zufriedenheit und feiere deinen Erfolg gebührend. Mit einem **Date mir dir selbst an deinem Lieblingsplatz,** einem schönen Blumenstrauß oder indem du dir einen anderen kleinen Wunsch erfüllst.

Du hast es dir verdient!

Circle of Happiness

Frage dich noch einmal, wie glücklich, aufgeräumt und zufrieden du in jedem der einzelnen Wohn- und Lebensbereiche bist (siehe Seite 23): Trage **auf einer Skala von 1 (überhaupt nicht zufrieden) bis 10 (wunschlos glücklich)** ein, welches Level deine Zufriedenheit nach Abschluss der Challenge erreicht hat.

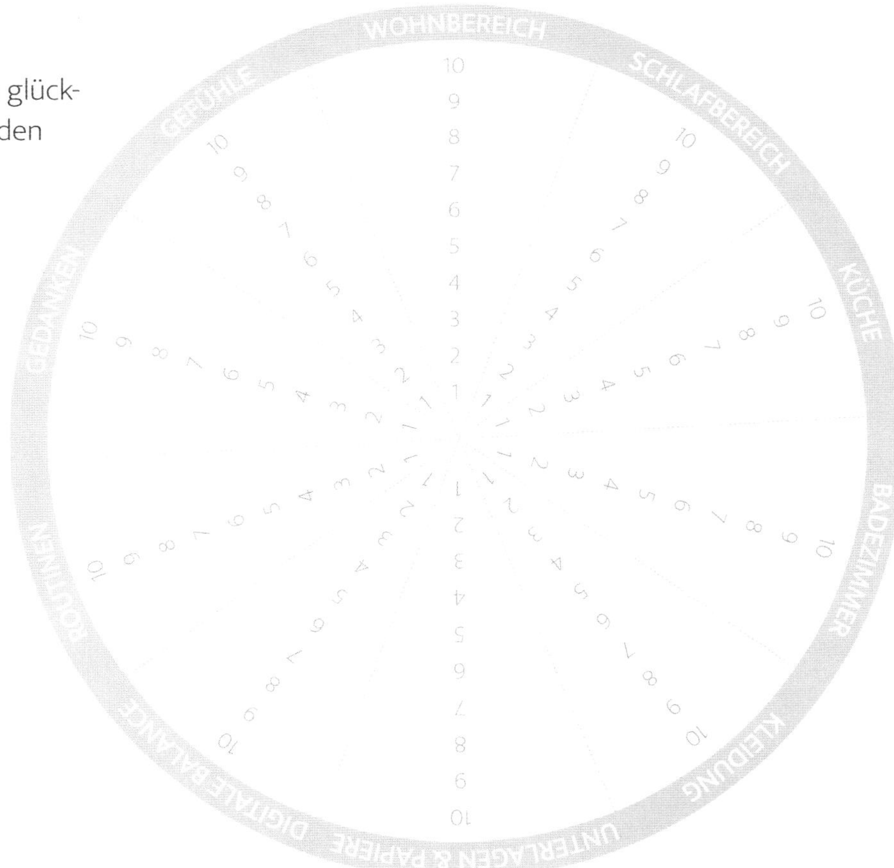

Wie geht es weiter?

Im Laufe dieser Aufräum-Challenge bist du vom Wollen ins Tun gekommen, hast aufgeräumt, sortiert und dich vielleicht auch von jeder Menge überflüssigem Ballast getrennt. Tag für Tag bist du der Frage nachgegangen: **Was ist mir wichtig und was nicht? Was brauche ich zum Glücklichsein und was hat keinen Platz (mehr) in meinem Leben?**

Du hast deinen Besitz in einem neuen Licht betrachtet und täglich Gegenstände, Gewohnheiten und vielleicht auch so manchen Gedanken losgelassen. Das Loslassen von Dingen und das innere Loslassen gehen Hand in Hand, das hast du deutlich spüren können. Und noch eines ist gewiss: **Beim Aufräumen gibt es kein Ziel, keinen endgültigen Zustand von Ordnung, kein Fertigsein.** Das Leben ist ständig in Veränderung, so wie wir auch. Da wo gelebt wird, gibt es ständigen Wandel. Wohnräume verändern sich genauso, wie wir es tun – das ist der natürliche Lauf der Dinge.

Auch wenn die ZEIT STATT ZEUG Aufräum-Challenge nun zu Ende ist, ist es wichtig, im Fluss zu bleiben. Lauf mit, bleib am Ball und beschütze den neu gewonnenen Freiraum in deinem Zuhause genauso wie **das gute Gefühl von Freiheit und Leichtigkeit in deinem Innersten.** Sei kritisch bei Neuanschaffungen und überlege stets gut, was in deinem Leben einen Platz verdient und was nicht.

Stelle im Alltag sicher, dass jeder Gegenstand ein Zuhause hat, und **mache die Aufräumzeit zu einer Zeit der inneren Einkehr.** Aufräumen kann Spaß machen und die Vorfreude auf die wohltuende Ruhe und Klarheit, die ein ordentlicher Raum ausstrahlt, ist Vorfreude und Motivation zugleich. Ordnung ist mindestens genauso ansteckend wie Unordnung, also bewahre und beschütze sie gut.

Und noch etwas ist wichtig: Plane regelmäßig kleine oder größere Aufräumaktionen ein, damit Chaos und Unordnung keine Chance mehr haben. Ganz egal, ob du die Challenge irgendwann wiederholst oder dir nur ab und an einzelne Tagesaufgaben vornimmst, **betrachte das Entrümpeln und Aufräumen als einen Akt der Selbstliebe,** denn es verhilft dir zu mehr Wohlgefühl, Ruhe und Zufriedenheit.

Für **noch mehr Inspiration sowie Anregungen und Austausch** rund um das Thema innere und äußere Ordnung besuche mich gerne auf Instagram (@zeit_statt_zeug) oder auf www.zeitstattzeug.com.

Schön, dass du dir die Zeit für dich genommen hast! Alles Liebe und vielleicht bis bald

Birgit

Wohin mit den aussortierten Dingen?

Hier findest du eine Übersicht, wo du aussortierte Dinge loswerden kannst, die **noch in Ordnung und zu schade zum Wegwerfen** sind. Bitte beachte, dass diese Liste keinesfalls vollständig ist. Mit Sicherheit fallen dir noch weitere Abgabe- und Verwendungsmöglichkeiten ein. Füge diese der Liste gerne hinzu.

Bücher/Magazine/CDs/DVDs

VERKAUFEN

• momox.de; • booklooker.de;
• Mehrwegbuch.de; • fairmondo.de;
• rebuy.de; • Zoxs.de; • vinted.de;
• Flohmarkt; • catawiki.com

SPENDEN/VERSCHENKEN

• öffentliche Bücherschränke;
• Sozialkaufhaus; • Zu-verschenken-Kiste;
• oxfam.de; • SocialBay; • wohindamit.org;
• nebenan.de

Elektronische Geräte

VERKAUFEN

• rebuy.de; • wirkaufens.de; • fairmondo.de;
• myswoop.de; • Zoxs.de; • Kleinanzeigen;
• Flohmarkt; • nebenan.de

SPENDEN/VERSCHENKEN

• wohindamit.org; • Nabu.de (alte Handys);
• Sozialkaufhaus; • Repaircafe; • nebenan.de

Kleidung

VERKAUFEN

• momox.de; • vinted.de; • fairmondo.de;
• Flohmarkt; • Kleidertauschparty;
• nebenan.de; • shpock.com; • catawiki.com;
• nebenan.de

SPENDEN/VERSCHENKEN

• Kleiderkammer/Container; • wohindamit.org;
• packmee.de; • Oxfam; • Frauenhaus;
• Sozialkaufhaus; • nebenan.de;
• Collecting-Programme von H&M, C&A, Zara

Lebensmittel

VERKAUFEN

- fairmondo.de

SPENDEN/VERSCHENKEN

- foodsharing.de; • olio (App); • Freunde;
- Nachbarn; • nebenan.de; • tafel.de

Haushaltswaren & Bürobedarf

VERKAUFEN

- Kleinanzeigen; • vinted.de; • fairmondo.de;
- Flohmarkt; • nebenan.de

SPENDEN/VERSCHENKEN

- stifte-stiften.de; • wohindamit.org;
- Sozialkaufhaus; • nebenan.de

Spielzeug

VERKAUFEN

- Ebay.de; • Kleinanzeigen; • vinted.de;
- fairmondo.de; • Flohmarkt;
- Kleidertauschparty; • nebenan.de

SPENDEN/VERSCHENKEN

- wohindamit.org; • Kuscheltiere.org;
- plüsch-tierheim.de; • oxfam.de;
- Frauenhaus; • kinder-helfen-kindern.org;
- Sozialkaufhaus; • mattel.de/playback

Buchempfehlungen für dich

978-3-7358-5139-0

978-3-7358-5131-4

978-3-7358-5058-4

978-3-7358-5092-8

978-3-7358-5098-0

978-3-7358-5106-2

978-3-7358-5072-0

978-3-7358-5070-6

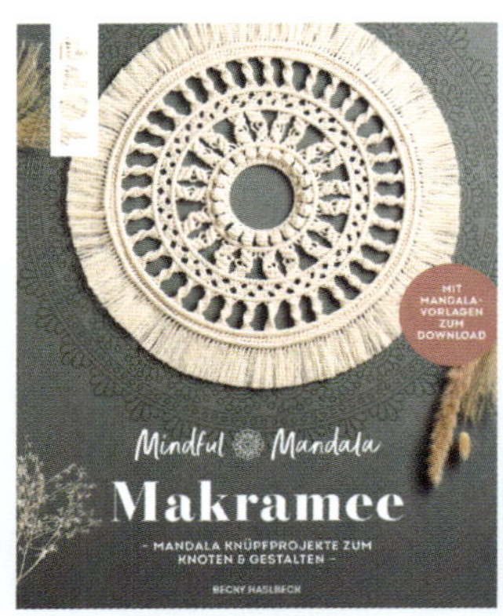

978-3-7358-5186-4

Buchempfehlungen für dich

978-3-7358-5088-1

978-3-7358-5096-6

978-3-7358-5112-3

978-3-7358-5077-5

978-3-7358-5099-7

978-3-7358-5091-1

978-3-7358-5107-9

978-3-7358-5110-9

978-3-7358-5129-1

Texte: Birgit Fazis

Fotos: S. 10: Stefanie Winkler, S. 13: Unsplash/Amanda Vick, S. 18: Unsplash/Alex Lvrs, S. 20: Unsplash/Marissa Grootes, S. 30: Unsplash/Inside Weather, S. 39: Unsplash/Sofy M Halftoneco, S. 40: Unsplash/Uliana Kopanytsia, S. 51: Pexels/Tiana, S. 52: Pexels/PNW Production, S. 63: Pexels/Karolina Grabowska, S. 64: Unsplash/Priscilla du Preez, S. 72: Unsplash/Micheile Henderson, S. 80: Pexels/George Milton, S. 90: Pexels/Mathilde Langevin, S. 98: Pexels/Cottonbro Studio, S. 107: Pexels/Shadab, S. 108: Unsplash/Artem Maltsev, S. 120: Pexels/Maria Orlova, S. 135: Pexels/Whicdhemein One, S. 136: Pexels/Jasmin Chew, S. 150: Pexels/Cup of Couple

Produktmanagement und Lektorat: Stephanie Iber

Covergestaltung: Lena Schmitt unter Verwendung von Fotos von freepik

Layoutentwurf und Satz: Susanne Dornes

Herstellung: Katrin Röhlig

Druck und Bindung: PNB Print Ltd, Lettland

2. Auflage 2024

ISBN 978-3-7358-5205-2 • Best.-Nr. 25205

MIX
Papier | Fördert gute Waldnutzung
FSC® C084698

Penguin Random House Verlagsgruppe
FSC® N001967